Saba Popovic Barcianu

Wörterbuch der romänischen und deutschen Sprache

und der deutschen und romänischen Sprache

Saba Popovic Barcianu

Wörterbuch der romänischen und deutschen Sprache
und der deutschen und romänischen Sprache

ISBN/EAN: 9783744600620

Hergestellt in Europa, USA, Kanada, Australien, Japan

Cover: Foto ©Paul-Georg Meister /pixelio.de

Weitere Bücher finden Sie auf **www.hansebooks.com**

Wörterbuch
der
deutschen und romänischen Sprache
von
Sab. Pop. Barcianu,
weil. gr.-or. Pfarrer in Resinari, Consistorialrath ec.

Zwei Theile.

Hermannstadt.
Typographische Anstalt, Actiengesellschaft.
1888.

DICȚIONAR
german-român și român-german
de
Sab. Pop. Barcianu,
din. paroch gr.-or. în Reșinari, asesor consistorial etc.

În două părți.

SIBIIU.
Institut tipografic, societate pe acții.
1888.

Wörterbuch

der

deutschen und romänischen Sprache

von

Sab. Pop. Barcianu,

weil. gr.-or. Pfarrer in Resinari, Konsistorialrath ꝛc.

Durchgesehen und vervollständigt

von

Dr. D. P. Barcianu.

Zwei Theile.

Hermannstadt.
Typographische Anstalt, Aktiengesellschaft.
1888.

DICȚIONAR

german-român și român-german

de

Sab. Pop. Barcianu,

o d i n. paroch gr.-or. în Rěșinari, asesor consistorial etc.

Revidat și complectat

de

Dr. D. P. Barcianu.

În două părți.

SIBIIU,
Institut tipografic, societate pe acții.
1888.

Toate drepturile reservate.

Vorwort.

Von verschiedenen Seiten aufgefordert, in neuer Ausgabe das von meinem nun verstorbenen Vater ausgearbeitete und in seinem romänisch-deutschen Theil, im Jahre 1868, im Druck herausgegebene Wörterbuch, erscheinen zu lassen, habe ich diese Arbeit unternommen auf Grund der von ihm herstammenden Aufzeichnungen und Zusätze zum romänisch-deutschen Theil und auf Grund des von ihm fast vollständig zusammengestellten deutsch-romänischen Theiles.

Da aber seit Erscheinen des ersten Theiles ein bedeutender Schritt nach vorwärts in der Richtung einer Unifizirung der romänischen Rechtschreibung gemacht worden ist, war es vor Allem nothwendig den romänischen Text umzuschreiben nach gemäßigt phonetischen Grundsätzen; dann drängte sich wohl von selbst auf die Ergänzung des Textes durch neue oder wieder eingeführte Wörter und durch neue Phrasen und Wendungen, die sich bei den bessern Schriftstellern der romänischen Literatur vorfinden, welche in letzterer Zeit einen erfreulichen Umschwung genommen hat.

Die Ergänzungen erheben nicht den Anspru   . Voll=
ständigkeit; immerhin werden sie aber zeigen, daß   raus=
geber reblich bestrebt war den Anforderungen zu ge   elche
an ein Wörterbuch gestellt werden, das — in be   nung
des vorliegenden — bei handlichem Format, doch   halten
soll, was für die Einführung in das Verständniß be   chen,
der deutschen und romänischen, und ihrer Liter   gnisse
nothwendig ist.

Was die technische Ausführung betrifft, erkennen wir mit
Vergnügen an, das die Typographische Anstalt durch schönen
Druck und geschmackvolle Ausstattung des Wörterbuches, einen
neuen Beweis geliefert hat für den Ernst seiner Bestrebungen
zur Ausbildung der typographischen Kunst und Unterstützung
literarischer Erzeugnisse bei den Romänen beizutragen.

Dr. P. F. Barcianu

Precuvêntare.

Îndemnat din mai multe părți a scoate în o nouă edițiune Vocabularul elaborat și tipărit în partea sa romănă-germână, la anul 1868, de reposatul meu tată, am intreprins această lucrare pe basa însemnărilor și adausurilor, făcute de dênsul la partea romănă-germână și pe basa manuscriptului, aproape întreg compus pentru partea germână-romănă.

Deoare-ce însê dela tipărirea părții prime încoaci s'a făcut un însemnat pas înainte cătră unificarea ortografiei în toate părțile locuite de Români, s'a ivit mai ântâiu necesitatea de a transcrie tecstul roman după ortografia fonetică moderată; ear' pe de altă parte făcend în același timp și producțiunea literară un îmbucurător progres, s'a impus dela sine complectarea tecstului prin cuvinte noue sau reîntroduse, și prin frase și întorsêturi folosite la scriitorii mai buni.

Aceste adausuri nu au pretențiunea a fi ajuns la toată perfecțiunea, dar' vor dovodi totuși, că am fost condus de sincera stăruință a corespunde cerințelor ce se pot face unui dicționar, care, în dimensiunile celui present, pe lângă format lesne de manuat, să cuprindă materialul trebuincios celui ce voiesce să se orinteze mai cu înlesnire în înțelegerea amênduror limbi: germână și romană și a productelor lor literare.

În ceea ce privesce esecutarea technică recunoascem cu plăcere că Institutul tipografic, prin tipariul frumos și întocmirea cu gust a acestui dicționar, a dat de nou dovadă despre intersul ce'l are pentru înaintarea artei tipografice și a producțiunei literare la Români.

Dr. D. P. Barcianu.

Zeichen und Abkürzungen.
Semne și prescurtări.

1. Zeichen.
Semne.

; bezeichnet die verschiedenen Bedeutungen eines Wortes, oder eine neue Gedankenrichtung.

— bezeichnet:
 a) das am Anfang eines Artikels stehende Wort;
 b) bei Hauptwörtern, Eigenschaftswörtern, Fürwörtern und Zeitwörtern, die Wurzel des Wortes;
 c) vertritt es das Anfangswort oder das Wort in der vorausgehenden Bezeichnung.

( ) enthält:
 a) wichtigere Erklärungen, syntaktischer Natur;
 b) Erklärungen zur Vervollständigung des Sinnes der Wörter;
 c) eine andere Form desselben Wortes.

= gleich.

; arată diferitele însĕmnări ale unui cuvênt, sau însĕmnări de înțeles schimbat.

— însemnează:
 a) cuvêntul din frunte;
 b) la substantive, adjective pronume și verbe, rădĕcina;
 c) înlocuesce cuvêntul în însemnarea din frunte sau premergĕtoare.

( ) cuprinde:
 a) esplicări trebuincioase sintactice;
 b) esplicări pentru complectarea înțelesului unui cuvênt;
 c) cuvêntul în formă schimbată;

= ascemenea.

2. Abkürzungen.
Prescurtări.

adj.	bedeutet	Insemnă:	Eigenschaftswort,	adjectiv.
adv.	„	„	Umstandswort,	adverbiu.
anat.	„	„	anatomisch,	anatomic.
art.	„	„	Geschlechtswort,	articul.
bot.	„	„	botanisch,	botanic.
chem.	„	„	chemisch,	chemic.
conj.	„	„	Bindewort,	conjuncțiune.
farm.	„	„	pharmazeutisch,	farmaceutic.
fis.	„	„	physikalisch,	fisical.
geol.	„	„	geologisch,	geologic.
geogr.	„	„	geographisch,	geografic.
interj.	„	„	Ausrufungswort,	interjecțiune.
nedecl.	„	„	unabwandelbar,	nedeclinbil.
nedef.	„	„	unbestimmt,	nedefinit.
numĕr.	„	„	Zahlwort,	numĕral.
part.	„	„	Partikel,	particulă.
pl.	„	„	Mehrzahl,	plural.
pron.	„	„	Fürwort,	pronume.
s. f.	„	„	weibliches Hauptwort,	substantiv feminin,
s. m.	„	„	männliches „	substantiv masculin.
s. n.	„	„	sächliches „	substantiv neutru.
suf.	„	„	Suffixe,	suficsă.
tit.	„	„	Titulatur,	titulatură.
v. a.	„	„	thätiges Zeitwort,	verb activ.
v. aus.	„	„	Hilfszeitwort,	verb ausiliar.
v. n.	„	„	intransitives Zeitwort,	verb netransitiv.
v. nepers.	„	„	unpersönliches „	verb nepersonal.
v. r.	„	„	rückbezügliches „	verb reflecsiv.
v. a.⎫ v. n. ⎬ ir. v. r. ⎭	„	„	unregelmäßiges „	verb iregular.
redi:	„	„	siehe,	vedi.
zool.	„	„	zoologisch,	zoologic.

Einige Bemerkungen die Aussprache, Rechtschreibung und Betonung des Romänischen betreffend.

Da jetzt allgemein für die Schreibung des Romänischen das lateinische Alphabet im Gebrauche ist, im Romänischen aber einige Laute vorkommen, für die im lateinischen Alphabet keine Zeichen sich vorfinden, so hat man für diese Laute, die eine gewisse Verwandschaft mit einem der einfachen Laute des Lateinischen haben, das betreffende Zeichen aus diesem entnommen, jedoch mit Beifügung gewisser Zeichen, bei Vokalen oberhalb, bei Consonanten unterhalb derselben.

Solcher Laute sind:

A) Unter den Vokalen:

1) Ein dumpfes e, wie es etwa in der Endsylbe des Wortes „lesen" vorkommt. Für die Bezeichnung dieses Lautes wird entweder ă oder ĕ gebraucht.

Die Bezeichnung durch ă wird angewendet:

a) am Ende der Haupt- und Eigenschaftswörter weiblichen Geschlechts in der Einzahl, z. B. apă, Wasser; masă, Tisch; bună, die gute; albă, die weiße; und bei den Hauptwörtern männlichen Geschlechts die auf diesen Laut ausgehen, wie: colegă, Kollege; chlăuză, Führer; popă, Pfarrer; papă, Papst; slugă, Diener.

b) in den Abwandlungsendungen der Zeitwörter der ersten Abwandlungsart (mit dem Infinitiv auf a (are), z. B. el lucră, er arbeitet; noi lucrăm, wir arbeiten.

In der 3-ten Person der Einzahl des Perfektum historikum, wird dieser Laut, da die Endsylbe auch betont ist, zum Unterschiede von der Einzahl der Gegenwart, durch à bezeichnet, also: el lucrà, er arbeitete.

c) Am Anfang ober in ber Mitte bes Wortes, wenn es als Umwandlung des reinen Lautes bes a sich ergibt, z. B. hotăresc, ich beschließe (von hotar, Grenze); pătrar, Viertel (von patru, vier); împăiez, ich stopfe aus (von paiu, Stroh); arător, pflügend (von a ara, pflügen); ouător, eierlegend (von a oua, Eier legen).

d) in allen den Fällen, wo es gehört wird, aber nicht durch ĕ bezeichnet werden kann.

Die Bezeichnung durch ĕ wird angewendet:

a) am Anfang und in der Mitte des Wortes, wenn der dumpfe Laut sich als Umwandlung eines reinen e ergibt, z. B. rĕcit, abgekühlt, rĕcire, Abkühlung, rĕcoare, Kühle (von rece, kühl); însĕtat, durstig (von sete, Durst); numĕr, Zahl (weil numeri, Zahlen den reinen Laut enthält); sĕlbătĕciune, Wild (von selbă Wald, sĕlbatec, wild); cumpĕr, ich laufe (weil cumperi bu laufst, să cumpere, er laufe);

b) in den Vorsilben rĕ, rĕs, rĕş, z. B. rĕmân, ich bleibe; rĕpus, zu Grunde gerichtet; rĕstorn, ich stürze um; rĕsbun, ich räche; rĕşluesc, ich beschneibe.

c) in den Wörtern pĕcat, pĕduche, pĕtrund, dĕrîm, frĕmĕnt, mĕduvă. rĕgină, vĕsc und in den von diesen abgeleiteten; dann in pĕcurar, Schafhirt und den abgeleiteten, zum Unterschied von păcurar, Theerverläufer (von păcură, Theer).

2) Ein dumpfer Laut, der im Deutschen nicht vorkommt, etwa zwischen ă und i liegt und aus der Kehle gesprochen wird. Eine annähernde Vorstellung dieses Lautes mag man erhalten wenn man versucht eine Consonantenverbindung wie z. B. srb, auszusprechen, dabei aber von den reinen Lauten s, r, b, absieht und nur den dumpfen Laut beachtet der zwischen s und r hörbar wird.

Seine Schreibung bietet die meisten Schwierigkeiten, weil für ihn 4 Zeichen, nämlich â, ê, î, û im Gebrauche sind.

Die Bezeichnung burch â wird angewendet:

a) wenn das diesen dumpfen Laut enthaltende Wort eine Umwandlung eines Wortes ist, in welchem der reine Laut des a vorkommt, z. B. cârnaţ, Wurst (von carne, Fleisch); lăudând, indem er lobt (von a läuda, loben). Nach letzterer Analogie werden alle gerundivalen Formen der Zeitwörter der ersten Abwandlungsart (der auf a, are) gebildet.

h) im Anfang und in der Mitte jener Grundwörter, in welchen auf den dumpfen Laut ein n oder m, oder eine Verbindung zweier Consonanten folgt, z. B. mână, Hand; mânc, ich esse; cânt, ich singe; pâne, Brot; cârn, stumpfnasig; pâclă, Schwüle; fârfala, Schmetterling; cârcel, Zecke.

Die Bezeichnung durch ê wird angewendet:

a) wenn im Grundwort der reine Laut des e enthalten ist, z. B. cosênd, indem er nähet (von a coase, nähen); stêrpitură, Zwerggestalt (von sterp, unfruchtbar). Hierher gehören die gerundivalen Formen der Zeitwörter der zweiten und dritten Abwandlungsart, welche im Infinitiv auf ê, êre, und e, ere (ê, lang; e, kurz) endigen, also: umplênd, anfüllend (von a umplê,); trecênd, vorübergehend (v. a trece.)

b) in der Endung ênt, der Hauptwörter: pâmênt, Erbe; jurâmênt, Schwur; und in den Wörtern: fên, Heu, vênt, Wind, vênd, ich verkaufe, vênă, Ader, vênez, ich jage, und in den davon abgeleiteten.

Die Bezeichnung durch î wird angewendet:

a) in den Wörtern, welche von solchen abgeleitet sind, die den reinen i-Laut haben; hierher gehören besonders die gerundivalen Formen einiger Zeitwörter der vierten Abwandlungsart (mit dem Infinitiv auf i, ire), z. B. amorțind, erstarrend (von a amorți).

b) in den Wörtern die vor dem dumpfen Laut ein r, s, ț, str haben, z. B., rîu, Fluß; rîpă, Ufer; rîză, Fetzen: rîs, Lachen; a rîde, lachen; a țînê, halten: țîntă, Ziel; a stringe, drücken, sammeln.

c) in den Vorsylben în, îm, und in dem Vorwort în; z. B. înainte, voraus; încep, ich fange an; împedec, ich verhindere.

Die Bezeichnung durch û. wird nur in einigen Wörtern, wie gût, rûndunea, und in den davon abgeleiteten angewendet. Jedoch wird statt des û, meist â gebraucht.

Für viele Wörter, namentlich Wurzelwörter und meist fremden Ursprungs, in welchen die genannten dumpfen Laute vorkommen, ist eine endgiltige Schreibart noch nicht festgestellt, daher findet man sie bei verschiedenen Autoren auch verschieden geschrieben, z. B. sfîrșit, sfêrșit, sfârșit und sfûrșit, Ende; flămând und flămênd, hungrig; săvârșit, săvârșit, sěvêrșit, beendet, so daß ein mit â, ê, û, ê, î geschriebenes Wort, wenn es unter den betreffenden Zeichen im Wörterbuche nicht gefunden wird, bei den andern Zeichen, mit denen der dumpfe Laut bezeichnet wird, gesucht werden muß.

3) Der Vokal è im Auslaut bezeichnet ein betontes e, das in der Aussprache dem deutschen ä sich nähert, z. B. a vedè, sehen; a cădè, fallen.

4) Der Vokal i am Ende der Wörter im Auslaut wird immer kurz ausgesprochen, ebenso in der Mitte einiger Wörter, wo es dazu dient den c Laut zu erweichen (siehe unten bei c), z. B. pomi (i kurz), Bäume; cârcimă, (ci kurz), Wirthshaus.

Hat i im Auslaut den vollen Ton und ist es auch noch betont, so wird er durch i̯ gbezeichnet. z. B. a veni̯, kommen; el veni̯, er kam.

5) Der Vokal u im Auslaut, nach einem Vokal wird kurz ausgesprochen, z. B. ou, Ei; bou, Ochse; im Auslaut nach cr, gr, tr, fl aber, hat es den vollen Laut, z. B. aflu, ich finde; nostru, unser; agru, Acker; acru, sauer. Ist er im Auslaut und zugleich betont, wie in der 3-ten Person der Einzahl in dem historischen Perfektum einiger Zeitwörter der 3-ten Abwandlungsart und des Hilfszeitwortes a avè, haben, dann wird er durch ŭ bezeichnet, z. B. crescŭ, er wuchs (von a cresce, wachsen); avŭ, er hatte.

B) Unter den Consonanten:

1) Das c. Vor e und i (ce, ci), wird es wie tsche, tschi ausgesprochen, z. B. a cere (a tschere) verlangen; cinǎ (tschinǎ), Abendessen.

Vor a, o, u, ă, ê, î, vor Consonanten und im Auslaute am Ende des Wortes, hat es den Laut des k. z. B. car (kar), Wagen; corn (korn), Horn; cuc (kuk), der Kukuk; cârn (kârn), stumpfnasig; crescând (kreßkând), wachsend.

Kommt in einem Wort der „k" Laut vor e und i, so wird er durch ch bezeichnet und immer weich, etwa wie „kj" ausgesprochen, z. B. chin (kjin), Qual; chel (kjel), kahl.

Vor a, o, u, wird der weiche „kj" Laut durch chi bezeichnet, z. B. chiar (kjar), gerade; chior (kjor), schielend.

Kommt der „tsch" Laut vor a, o, u zu stehen, wird er durch Einschiebung eines e oder i zwischen c und dem Vokal bezeichnet, z. B. ciaun (tschaun), Kessel; cioc (tschok), Schnabel; ciur (tschur), Reuter; cearǎ (tschearǎ), Wachs; ceatǎ (tscheatǎ), Haufen, weil ceros, wachsartig, und cete, Haufen (Mehrzahl) den reinen Vokal e andeuten.

2) Das g, hat vor e, i, den weichen Laut „dsche, dschi"; vor a, o, u, ă, ê, î, vor Consonanten und am Ende im Auslaut, den Laut des deutschen G in gut, (nicht „j"). Was über die andern Verbindungen bei c gesagt wurde, gilt auch für g, welches in gh, ghi, immer einen weicheren Ton, etwa „gj" hat.

3) Das ḑ wird angewendet um den weichen Laut des f, wie er im Worte „lesen" enthalten ist, zu bezeichnen. Gewöhnlich aus d

entstanden, wird es mit ḑ bezeichnet in allen Fällen wo das Wurzelwort das reine d hat, z. B. verḑi, verḑiiu, înverḑit, grünlich, die grünen, ergrünt, weil alle aus verde grün, abgeleitet sind; weiter wird es angewendet in den Wörtern: ḑioă, Tag; ḑiar, Zeitungsblatt; ḑic, ich sage; ḑece, zehn; ḑeu, Gott und in den davon abgeleiteten.

Im Anfang der Wörter fremden Ursprungs, und in der Endung der Gegenwart einiger Zeitwörter der ersten Abwandlungsart wird der weiche s Laut durch z bezeichnet, z. B. zamă, Brühe; zămos, saftig; zurbă, Aufruhr; lucrez, ich arbeite; împenez, ich spicke.

Vor der Endung ie, iune. einiger abgeleiteter Hauptwörter wird der weiche „s" Laut durch s bezeichnet, z. B. ocasie (okasie), ocasiune, Gelegenheit; ilusiune (ilusiune), Ilusion; colisiune, Widerstreit.

4) ş wird angewendet um den Laut „sch" zu bezeichnen, der immer scharf ausgesprochen wird, z. B. şir (schir), Reihe; ştirb (schtirb), zahnlückig; acşor (akschor), Rädchen.

In jenen Wörtern jedoch, welche von solchen abgeleitet oder umgewandelt sind, in denen die Consonant-Verbindung sc vorkommt, ebenso wie in dem Worte sciu und den davon abgeleiteten, wird sc vor e und i (nicht aber vor ĕ und ê) wie „scht" ausgesprochen und durch sc bezeichnet, z. B. vestesc (westeșk), ich benachrichtige; vestesci, vestesce (weșteșchti, weșteschte), du benachrichtigst, er benachrichtigt; cunosc (kunoșk), ich kenne; cunosci, cunoasce (kunoschti, kunoaschte), du kennst, er kennt; cunoscinţă, (kunoschtinză), Kenntniß, (aber: cunoscĕtor, kunoșkĕtor, Kenner); sciu, scii, scie, scim, sciţi, sciu, (schtiu, schtii, schtie, schtim, schtizi, schtiu), ich weiß, du weißt, er weiß ꝛc.; sciinţă (schtiinză) Wissenschaft; sciutor (schtiutor), Wisser, wissend; scire (schtire), Nachricht; ebenso: pesce, pesci (peschte, peschti), Fisch, Fische, weil a pescui (peșkui), fischen, pescar (peșkar), Fischer, den sc Laut geben.

5) ţ dient zur Bezeichnung des Lautes „z", mag dieser ursprünglich oder aus t entstanden sein, z. B. ţol (zol), Wolldecke; ţigară, (zigară), Zigarre; preţ (prez), Preis; scurt (șkurt), kurz; scurţi (șkurzi), die kurzen; ascuţi, ascuţim, ascuţiţi (așkuzi, așkuzim ꝛc.) du schärfst, wir schärfen ꝛc., weil el ascute, er schärft, den Laut t andeutet.

6) Das j bezeichnet im Romänischen immer einen weichen „sch" Laut, wie er im Französischen „journal" vorkommt, z. B. jar, glühende Kohlen; straje, Wache; strajnic, wachsam, tüchtig.

7) Das s hat im Romänischen immer den scharfen Laut, wie er im deutschen Wort „Straße" vorkommt, z. B. casa (kașa), das Haus; gustă (gușță), er kostet; nur in den Neologismen casarmă, Kaserne; musică, Musik und den hievon abgeleiteten, dann in den oben bei ḑ

erwähnten durch ie oder iune abgeleiteten Hauptwörtern, wird das s weich ausgesprochen, wie das ḑ (z). Es werden daher erstere auch: cazarmă, muzică, muzicant etc. geschrieben.

8) Das v wird im Romänischen immer wie „w", nie wie „f", ausgesprochen, z. B. vine (wine), er kommt; Abern; var (war), Kalt; vreau. (wreau), ich will.

9) Ueber das z, siehe oben bei ḑ.

Die übrigen Zeichen des Alphabets dienen zur Bezeichnung der nämlichen Laute wie im Deutschen, wobei noch zu beachten ist, daß b, g und d **i m m e r d e n w e i c h e n**, p, c. t **i m m e r d e n h a r t e n** Laut haben, und nicht mit einander verwechselt werden dürfen, wie es oft eine provinziale Aussprache im Deutschen thut.

———

Für die **Betonung** der Wörter im Romänischen mögen im Allgemeinen folgende Anhaltspunkte dienen:

1) Der Ton liegt immer auf jener Sylbe die einen **v o n N a - t u r o d e r d u r c h S t e l l u n g** langen Vokallaut enthält.

Als von Natur lang gelten: die **e i g e n t l i c h e n** Dyphtonge, ai, au, ei, ii, iu, iu, oi, ou, (mit der Betonung auf den **e r s t e n L a u t**); die **u n e i g e n t l i c h e n** Dyphtonge, ia, ie, io, iu, ea, oa, (mit der Betonung auf den **z w e i t e n L a u t**); die Triphtonge, aiu, eiu, iiu, oiu, uiu, (mit der Betonung auf den ersten Laut); die Vokale, ă (ĕ, ĭ), ĕ (ea).

Als durch die Stellung lang gelten die einfachen und umgewandelten Vokale, wenn auf dieselben zwei Consonanten folgen. Jedoch können, in Folge grammatikalischer Einflüsse auch die einfachen Vokale a, o, u, i, e lang werden, z. B. durch Auslassungen gewisser Laute oder durch Zusammenziehung mehrerer Laute in einem, (siehe unter B) a) und c) und zwar haben die ersteren 3, was die Werthigkeit der Länge betrifft, vor e, i, ă (ĕ) den Vorzug.

2) Der Ton rückt über die drittletzte Sylbe **n i c h t w e i t e r** gegen den Anfang des Wortes, z. B. fácere, prefácere, binefácere.*)

Abweichungen von dieser Regel sind nur scheinbar, hervorgerufen durch Anfügung von nicht betonten Partikelchen, z. B. disu-'i-am, habe ich ihm gesagt; óaspe-ţi-lor, den Gästen.

3) Hat das Wort keine langen Sylben, wird der Ton auf die vom Ende entfernteste (vor- oder vorvorletzte) Sylbe gesetzt, z. B. úmed,

———

*) Das scharfe Tonzeichen (´) ist hier, und in den folgenden Beispielen nur zur Bezeichnung der betonten Sylben angewendet, und wird sonst zu diesem Zwecke nicht gebraucht.

feucht; súnet, Laut, Geräusch; prégetă, er bedenkt sich, zaudert; ápĕră, er vertheidigt.

Im Besondern sei noch folgendes bemerkt:

A) Die Wörter mit eigentlichen Dyphtongen oder Triphtongen haben den Ton auf den ersten Vokallaut, z. B. bóu, Ochse; táur, Stier; seáun, Stuhl; rí'u, Fluß; bói, Ochsen; vóiu, ich will; vóie, Wille; seáiu, Distel; die mit uneigentlichen Dyphtongen haben den Ton auf den zweiten Vokallaut, z. B. chiär, gerade, auch; chiór, einäugig; feciór, Bursche.

Dieser Ton wird beibehalten wenn auch das Wort durch Abänderung mehrsylbig werden sollte; z. B. ri'u-ri-lor, den Flüssen; bói-lor, den Ochsen; feciór-u-lui, dem Burschen. — In abgeleiteten Wörtern geht jedoch der Ton auf die Ableitungssylbe über: fecio-ríe, Jungfrauenschaft, feciorése, jungfräulich; chior-é'se, ich schiele (siehe auch weiter unten).

B) Den Ton auf der letzten Sylbe haben zwei- oder mehrsylbige Wörter, außer den unter A) erwähnten Fällen,

a) wenn die Endsylbe eines Wortes durch Auslassung einer andern letzten Sylbe entstanden ist, wie dies der Fall ist in der unbestimmten Art der 1. 2. und 4. Abwandlungsart der Zeitwörter z. B. statt laudáre, a laudá, loben; statt vedére, a vedé, sehen; statt aucíre, a aucí, hören.

b) wenn in allen vier Abwandlungsarten der Zeitwörter in den einfachen Zeiten (Gegenwart, Halbvergangenheit, historisches Perfektum) der anzeigenden Art, in der Mehrzahl der Gegenwart der bedingenden Art mit Ausnahme der dritten Person, in der Befehlweise, im Mittelwort, die Abwandlung durch einsylbige Endungen bewerkstelligt wird: eine Ausnahme machen nur die Zeitwörter der dritten Abwandlungsart in der Mehrzahl der Gegenwart, welche den Ton nicht auf die Endung übertragen.

anzeigende Art:

Gegenwart.	Halbvergangenheit.	histor. Perf.
1) lucréz, ich arbeite.	lucrám, ich arbeitete.	lucráï, ich arbeitete.
2) lucrézi, du arbeitest.	lucráï, du arbeitetest.	lucráși,
3) lucreáză, er arbeitet.	lucrá, er arbeitete.	lucrá.
1) lucrắm, wir arbeiten.	lucrám, wir arbeiteten.	
2) lucráți, ihr arbeitet.	lucráți, ihr arbeitetet.	
	lucráu, sie arbeiteten.	

bedingende Art:
Gegenwart.
1) să lucréz, daß ich arbeite.
2) să lucrézi, daß du arbeitest.
3)
1) să lucră'm, daß wir arbeiten.
2) să lucrúți, daß ihr arbeitet.
3)

Befehlsweise.
1) să lucră'm noi, laßt uns arbeiten.
2) să lucrúți voi, arbeitet ihr.

Mittelwort.
lucrătór, arbeitend.
lucră'nd.
lucrút, gearbeitet.

Wo jedoch in der Gegenwart die erste Person der Einzahl keine Abwandlungssylbe hat, also das Wort als Wurzelwort erscheint, liegt der Ton auf diesem Grundwort und wird beibehalten, wenn auch das Wort in der 3. Person der Einzahl und der Mehrzahl zwei- oder mehrsylbig wird, das übrige bleibt wie oben.

Anzeigende Art:
Gegenwart.

I.
1) eu că'nt, ich singe.
2) tu că'nți, du singst.
3) el că'n-tă, er singt.
aber:
1) noi cântă'm, wir singen.
2) voi cântúți, ihr singet.
3) ei că'ntă, sie singen.

III.
1) eu mérg, ich gehe.
2) tu mérgi,
3) el mérge.
aber:
1) noi mérgem,*)
2) voi mérgeți,*)
3) ei mérg.

II.
1) eu věd, ich sehe.
2) tu védi,
3) el véde.
aber:
1) noi vedém,
2) voi vedéți,
3) ei věd.

IV.
1) eu aúd, ich höre.
2) tu aúdi,
3) el aúde.
aber:
1) noi audím,
2) voi audíți,
3) ei aúd.

*) Siehe oben unter B, b).

Bedingende Art:

1) eu să cắ′nt,	eu să vĕ′d,	eu să mérg,	eu să aúd,
2) tu să cắ′nți,	tu să vĕ′ḑi,	tu să mérgi,	tu să aúḑi,
3) el să cắ′n-te,	el să veáḑ-ă,	el să meár-gă,	el să aúḑ-ă,
1) noi să cănt-ắ′m,	noi să ved-ém,	noi să mérg-em,	noi să aud-ím,
2) voi să cănt-áți,	voi să ved-éți,	voi să mérg-eți,	voi să aud-íți,
3) ei să cắ′n-te.	ei să veáḑ-ă.	ei să meárg-ă.	ei să aúḑ-ă.

c) wenn zwei- oder mehrſylbige Haupt- und Eigenſchaftswörter, die nicht aus andern abgeleitet ſind, auf einer von Natur oder durch Stellung langen Sylbe, oder auf an, am, ar, as, at, aș, ac, et, oc, or, od, ic, it, endigen. Zu den erſten gehören z. B. die Hauptwörter, die auf ea oder a endigen, wenn dieſe Endungen durch Zuſammenziehung aus aoă entſtanden ſind, z. B. vĕrgeá (vĕrgeáoă), Stäbchen; vițeá (aus vițeáoă), Kuhfalb; salhaná (aus salhanáoă), Schlachtbank; tablá (aus tabláoă), Tragbrett; pará (aus paráoă), Heller, (mit dem beſtimmten Artikel; vĕrgeáoa, salhanáoa, paráoa, und in der Mehrzahl: vĕrgé-le, salhaná-le, pará-le); dann die Umſtandswörter abiá, așá, und die mit Dyphtongen in der Endſylbe, wie: flăcắ′u, Burſche; pắrắ′u, Bächlein; ciocóiu, etc.; zu den mit durch Stellung langen Sylben gehören z. B. adĕ′nc, tief; argínt, Silber; porúmb, Taube; tacắ′m, (Eß)-beſteck; zu den letzteren der Obengenannten gehören z. B. bătlán, Reiher; mocán, der Mokane; amár, bitter; argát, Diener; băltác, Stielaxt; vlăstár, Schößling; răgáz, Muße; șoríc, Schwarte; calíc, armer Tropf; omór, Todſchlag; berechét, große Menge, ꝛc. ꝛc.

Der Ton bleibt auf dieſer Sylbe erhalten wenn auch das Wort durch Abwandlung mehrſylbig werden ſollte, da die Abwandlungsſylben der Hauptwörter unbetont ſind, z. B. feciór, feciór-ului, dem Burſchen, feciór-i-lor, dem Burſchen; amár, amár-ului, amár-elor.

d) wenn das Wort ein von einem andern durch eine einfache (einſylbige) Endung abgeleitetes iſt, z. B. bărbát (von barbă, Bart); artíst, Künſtler (von artă, Kunſt); amețít, ſchwindelig, (von a ameți, ſchwindelig werden); botós, unverſchämt, zudringlich (von bot, Schnauze); politicós, fein, ſchlau, (von politică); bătút, geſchlagen (von a báte, ſchlagen); marín, Meer- (von mare, Meer); beutór, bețív, Trinker, (von a bè, trinken); înverḑésc, înverḑít, grünen, ergrünt (von verde, grün); copiláș, Kindlein (von copíl, Kind); jurămĕ′nt, Schwur (von a jurá, ſchwören); scăḑĕmĕ′nt, Verminderung (von a scăḑè, vermindern); feciorésc, jungfräulich (von feciór, Jüngling); insutít, hundertfältig (von sută, hundert); pătrát, vierfach, pătrár, Viertel (von patru, vier) ꝛc.

c) wenn ein Wort durch Zusammensetzung aus einem einsylbigen Hauptwort und einer Vorsylbe, mehrsylbig geworden ist, z. B. rĕ-spír, ich athme; a-fúm, ich räuchere; su-spín, ich seufze, Seufzer; a-murg, Dämmerung; rĕs-fir, ich entwirre; ìm-pre-ún, ich vereinige.

C) Den Ton auf der vorletzten Sylbe haben:

a) zwei- oder dreisylbige, nicht abgeleitete Wörter mit kurzer Endsylbe, z. B. mấnă, Hand; vérde, grün; cárne, Fleisch; séte, Durst; ármă, Waffe; fereástră, Fenster; muiére, Frau; crivĕț, Nordwind.

b) abgeleitete Wörter, deren vorletzte Sylbe durch Stellung lang ist, z. B. cántor, Sänger; cấntec, Gesang; descántec, Zauber; defénsor, Vertheidiger; coréctor, Verbesserer; cúscru, cúscră, der Mitschwiegervater, die Mitschwiegermutter; sócru, Schwiegervater, soácră, Schwiegermutter; metálic, metalisch; cínic, cynisch; plátnic, Zahler; fálnic, stolz.

Ueber die andern abgeleiteten Wörter, welche keine lange vorletzte Sylbe haben, siehe oben unter B) d).

c) Wörter, die durch mehrsylbige Ableitungsendungen gebildet worden sind, z. B. cap-ábil, fähig; am-ábil, liebenswürdig; am-abilitáte, Liebenswürdigkeit; bun-ătáte, Güte; mesúră, Maß (von mĕsur, ich messe), aber el mĕ'súră, er mißt; ajutor-ínță, Hülfeleistung; cerșetor-íe, Bettelei; ìntors-úră, Wendung; ìncurc-ătúră, Verwirrung; mâncă-ríme, Streitsucht; rugă-ciúne, Gebet.

Hierher gehört auch die einfache längstvergangene Zeit der Zeitwörter: láud-ăsem, láud-ăseși, láud-ăse; vĕd-úsem, vĕd-úseși, vĕd-úse; scris-ésem, scris-éseși, scri-sése; aud-ísem, aud-íseși, aud-íse.

d) Einige Zeit- und Hauptwörter die aus einem Vorwort und einem einsylbigen Zeitwort gebildet worden sind: ùm-plu, ich fülle an; á-flu, ich finde; cúm-pĕr, ich kaufe; á-pĕr, ich vertheidige; có-pĕr, ich decke zu; pré-get, ich zögere; stră-cur, ich seihe durch.

D) Den Ton auf der drittletzten (vorletzten) Sylbe haben:

a) diejenigen drei- oder mehrsylbigen Wörter welche in der Vorletzten einen kurzen Vokal haben, z. B. présure, Ammer; iépure, Hase; répede, schnell (aber rĕpéde, er schleudert, von a rĕpeḑì); sécetă, Dürre; pérseck, Pfirsich.

Hierher gehören auch die Infinitive der 3. Abwandlungsart, (mit kurzem e am Ende) in ihrer vollständigen Form, z. B. mérgere, (a mérge), gehen; scríere (a scríe), schreiben; trécere, (a tréce), vorübergehen; dann die britten Perſonen der Gegenwart in der anzeigenden und bedingenden Art, z. B. trápedă, er müht ſich ab, să trápode; lápĕdă, er wirft weg, să lápede; scútură, er ſchüttelt, să scúture; scármĕnă, er zupft (Wolle), să scármene; dann noch die Mehrzahl der einfachen längſtvergangenen Zeit: lăud-áserăm, lăud-áserăți, lăud-ásera; vĕḑ-úserăm, vĕḑ-úserăți, vĕḑ-úseră; scris-éserăm, scris-éserăți, scris-éseră; auḑ-íserăm, auḑ-íserăți, auḑ-íseră; und endlich jene Zeitwörter die aus Hauptwörtern gebildet wurden, die eine lange vorletzte Sylbe haben z. B. von mĕsúră, Maß; ist das Zeitwort eu mĕ´sur, ich meſſe, el (ei) mĕ´sură, er mißt, ſie meſſen; să mĕ´sure, er meſſe; să mĕ´sure ei, ſie ſollen meſſen; von jur, Umkreis, wird abgeleitet das Zeitwort impréjur, ich umkreiſe; el (ei) impréjură, er umkreiſt, ſie umkreiſen; ebenſo: incúnjur, imprésur etc.

b) die Haupt- und Eigenſchaftswörter, welche in Folge der Abänderung mehrere unbetonte Sylben am Ende erhalten haben, z. B. mĕr-u-lui, dem Apfelbaum; mĕr-i-lor, den Apfelbäumen; al cál-u-lui, des Pferdes; cál-u-lui, dem Pferde; berbéce-lui, dem Widder; berbéci-lor, den Widdern; incepĕtór-ului, dem Anfänger; incepĕtór-ilor, den Anfängern; cáse-lor, case-le, den Häuſern, die Häuſer; cắrnuri-le, die Fleiſcharten. (Siehe auch das oben unter 2 über Betonung geſagte).

II.

Deutsch-romänisch.

Germân-român.

U.

A, a, *n.*, A, a, prima literă în alfabet; von — bis 3, dela început până la sfârșit.
Aal, *pl.* —e, *s. m.* (zool.), fusar, cipar, vêrlan, anguilă; —arten, *s. f. pl.*, speciile de cipar; —artig, *adj.*, ca fusarul, de forma fusarului.
Aal-baum, *pl.* —bäume, *s. m.* (bot.), cireș sêlbatec; —beere, *s. f.* (bot.), coacăză neagră; —beerstrauch, *s. m.*, tufa, pe care cresc coacăzele negre; —behälter, *s. m.*, heleșteu de fusari: —brut, *s. f.*, pui de fusar.
Aalen, *v. a.*, a prinde fusari.
Aal-fang, *s. m.*, pescuitul fusarilor: —fänger, *s. m.*, pescar de fusari; —förmig, *adj.*, ca un fusar; —gabel, *s. f.*, furculiță de prins pești; —glatt, *adj.*, mlădios ca un fusar, sênt: —grundel, *s. f.* (zool.), pêtrușcă, vêrlugă; —hälter, *s. m.*, vedi: —behälter; —hasten, *s. m.*, vedi: —behälter; —kirsche, *s. f.*, vedi: —baum; —raupe, *s. f.* (zool.), mihalț; —reuse, *s. f.*, îngrăditură la gura lacului de pești; —streif, —strich, *s. m.*, vargă neagră pe spatele cailor; —wehr, *s. n.*, vedi: —reuse.

Aar, *pl.* —e, *s. m.*, vultur, aceră.
Aaron, *s. m.*, vedi: Aron.
Aas, *pl.* Aeser, *s. n.*, mortăciune, stêrv, hoit; buboiu; —blatter, *s. f.*, bubuliță neagră, puroioasă.
Aasen, *v. a.*, a curăți, a rade carnea de pe pei, a descărna; — (despre vite, cerbi), a călca, strica earba păscênd.
Aas-fliege, *s. f.*, muscă de mortăciuni: —fressend, *adj.*, ce roade mortăciuni; —geier, *s. m.* (zool.), uliu, ce roade mortăciuni; —geruch, *s. m.*, miros a mortăciune.
Aasig, *adj.*, stêrvos, puturos.
Aas-käfer, *s. m.*, gândac puturos; —krähe, *s. f.* (zool.), cioară neagră; —pflanze, *s. f.* (bot.), stapelia, o plantă ce miroasă a stêrv; —pode, *s. f.*, vedi: blatter; —seite, *s. f.*, lăturea cărnoasă a pelei; —vogel, *s. m.*, pasere, care roade stêrvuri.
Aasen, *v. n.*, vedi: Ašen.
Ab, *prep.* și *particulă*, (folosită în composițiuni, însemnând: despărțire, depărtare, împuținare); den Hut —, jos cu pălăria; den Kopf —, rade-i capul; es gehen der Summe etliche Gulden —, lipsesc din sumă câțiva floreni; auf und —gehen, a merge în sus și în jos; zehn Gulden auf oder —, dece floreni

mai mult sau mai puţin, nu împoartă.
Ab-aasen, *v. a.*, vedi: **Aasen**.
Abächzen, sich, *r. r.*, a se consuma oftând.
Abackern, *v. a.*, a lucra arând; a lua arând o brazdă din pământul vecinului.
Abänder-lich, *adj.*, declinabil, variabil; —lichkeit, *s. f.*, variabilitate; —n, *v. a.*, a schimba, a declina, a varia; —ung, *s. f.*, schimbare, declinare, variaţiune.
Abängstig-en, sich, *v. r.*, a muri de frică şi de griji; —ung, *s. f.*, frică de moarte.
Abarbeiten, *v. a.*, a împuţina, a strica ceva prin lucru, a se plăti de o datorie prin lucru; sich —, *v. r.*, a'şi stoarce puterile prin multă lucrare.
Abärgern, sich, *v. r.*, a se consuma prin supěrare, de necaz.
Abart, *pl.* —en, *s. f.*, corcitură, bastard, soiu degenerat, varietate; —en, *v. n.*, a se corci, a degenera; —ung, *pl.* —en, *s. f.*, degenerare, corcitură.
Ab-äschern, *v. a.*, a departa, a jupui prin cenuşe; —ästen, *v. a.*, a tăiè ramurile de prisos; —ätzen, *v. a.*, a scoate ceva cu apă tare.
Abäugeln, *v. a.*, a ceti din ochii cuiva.
Ab-backen, *v. a.* a coace pâne; —, *v. n.*, a sfêrşi cu coacerea pânei; —baden, *v. a.*, a scălda (un copil); —balgen, *v. a.*, vedi: abhäuten; sich —balgen, *v. r.*, a se sbate, a se ostăni; —bäuchen, *v. a.*, a opări rufele; —bauen, *v. a.*, a dĕrima de tot sau în parte un edificiu; —baumen, *v. a.*, a zbura de pe pom; —bäumen, *v. a.*, a desfăşura pânza de pe sul.
Abbé, *s. m.*, preot celibe (în Francia).
Ab-beeren, *v. a.*, a culege boabe de agrişi, rosine ş. a.; —befehlen, *v. a. ir.*, a contramanda; —begehren, *v. a.*, Jemandem Etwas, a cere ceva dela cineva; —beißen, *v. a. ir.*, a rupe cu dinţii; sich vor Verdruß die Nägel —beißen, a 'şi roade unghile de supěrare; sich vor Lachen fast die Zunge —beißen, a nu se putè conteni de ris; —beizen, *v. a.*, a argăsi, a departa prin mijloace corosive; —berufen, *v. a. ir.*, a rechiema; —berufung, *pl.* —en, *s. f.*, rechiemare solemnă a unui ambasador; —berufungsschreiben, *s. n.*, litere de rechiemare; —bestellen, *v. a.*, vedi: —befehlen; —bestellung, *pl.* —en, *s. f.*, sistarea unei comisiuni, contramandat; —beten, *v. a.*, a recita un numér anumit de rugăciuni; —betteln, *v. a.*, Jemandem Etwas, a scoate ceva prin cerşire; —betten, *v. a.*, a'şi muta patul; —bezahlen, *v. a.*, a plăti pe rênd; —bezahlung, *pl.* —en, *s. f.*, plătire, achitare pe rênd, plătire la termin.

Abbiegen, r. a. ir., a cârnì la o parte, a se separa, a se depărta.

Abbild, pl. —er, s. n., copie; model, figură; deine Thaten sind das — deiner schönen Seele, măreţele tale fapte sûnt oglinda sufletului teu; —en, r. a., a decopia o icoană, a zugrăvi, a înfăţişa; —ung, pl. —en, s. f., icoană decopiată, figură.

Abbinden, r. a. ir., a deslega; ein Kalb —, a înterca un viţel; ein Faß —, a lega, a cercui o bute.

Abbiß, pl. —sse, s. m., muşcătură.

Abbitte, pl. —n, s. f., cerere de ertăciune; —n, r. a. ir., a cere ertăciune.

Abblasen, r. a. ir., a depărta ceva prin suflare: a da prin suflare (cu trimbiţa) signalul pentru încetare.

Abblatten, —blättern, r. a., a curăţi de frunde, a desfrundi; die Blume blättert sich ab, floarea 'şi perde frundele; der Stein blättert sich ab, peatra se despătură; —blätterung, s. f., desfrundire; —bläuen, r. a., a învineţi rufele; a buchisa aspru pre cineva; —blühen, r. n., a înceta de a înflorì; mir hat des Lebens Mai abgeblüht, pentru mine a trecut primăvara vieţei.

Abbohren, r. a., a sfredelì; —borgen, r. a., a lua dela cineva imprumut.

Abbrand, pl. —bränbe, s. m., scădément la topirea metalelor; dearsură; —brändler, s. m., om păgubit prin foc; —brausen, r. n., a înceta cu ferberea (vinul).

Abbrechen, r. a. ir., a rupe, a întrerupe, a frânge, a sparge: Blumen, Obst —, a culege flori, poame; eine Mauer —, a dărîma un zid; die Hufeisen —, a despotcovì; Jemandem Etwas am Lohne —, a detrage cuiva din leafă, din simbrie; vom Preise —, a scădè din preţ; das Gespräch —, a întrerupe, a curma discursul; eine Arbeit —, a înceta cu un lucru; sich Etwas —, r. r., a se contenì, a se abţinè de ceva; sich Etwas vom Munde —, a' şi detrage dela gură; —, r. n., mit dem zweiten Bande brach er ab, cu tomul al doilea a încetat; wir wollen davon —, să vorbim despre altceva; kurz —, a taiè cuiva cuvêntul; mit Jemandem —, a se învrăjmăşì cu cineva.

Abbrennen, r. a. ir., a preface în cenuşe, a pârlì; eine Kanone —, a descărca un tun; —, r. n., das Feuer ist abgebrannt, focul s'a stins.

Abbringen, r. a. ir., Jemanden von Etwas, a reţinè, a desvătul, a abate pre cineva dela ceva.

Abbröckeln, r. a., a sfărmì, a dimica.

Abbruch, pl. —brüche, s. m., ruptură, scădere, daună, detragere; dem Handel — thun, a împedeca comerciul; sich — thun, a se lipsì de ceva; —brüchig, adj., fragil; prejudicios.

Abbrühen, r. a., a opări; —brüllen, r. a., a cânta o cântare urlànd; —bürben, v. a., a despovăra; —bürften, r. a., a peria; —büßen, r. a., a se curăți de pěcate prin pocăință; —büßung, s. f., ștergerea, curățirea pěcatelor prin pocăință.

Abc, s. n. abc, alfabet; —buch, s. n., abcdar; —schüler, —schütze, s. m., abcist, începětor în cetire.

Ab-bachen, r. a., a descoperi (o casă), a lua coperișul; —bachung, s. f., povârniș; —bämmen, r. a., a abate cursul apei prin iezătură; —bampfen, r. a., a evapora, a îngroșa prin evaporare; —bampfung, s. f., evaporare; —banken, r. a., a congedia, a dimite din serviciu; —banken, r. n., a abdice, a se retrage din serviciu, a'și da dimisia, a renuncia la ceva; —bankung, s. f., abdicere, dimisiune, renunciare; —barben, r. r., sich Etwas vom Munde —, a'și trage dela gură.

Abbeck-en, r. a., a descoperi; den Tisch —, a ridica bucatele de pe masă; ein Vieh —, a despoia o vită de pele; —er, s. m., belitor de animale moarte; —erei, s. f., locul unde se despoae animalele moarte de pele.

Abbeichen, v. a., vedi: —bämmen.

Abberiten, s. m. pl., abderiți.

Ab-bielen, r. a., a așterne cu scânduri, a despărți prin scânduri; —bienen, r. a., a se plăti de o datorie prin servire; —bingen, r. a. ir., a scădě,. a detrage din prețul acordat; —bisputiren, r. a., vedi: —streiten.

Abbominal, adj., abdominal.

Ab-bonnern, v. n., a înceta de a tuna; —borren, v. n., a se usca și scădě; —börren, r. a., a usca.

Abbrängen, r. a., a împinge la o parte.

Ab-brechseln, r. a., a rotundi cu strugul, a strugui; — brehen, a desface; —breschen, r. a. ir., a îmblăți, a treera, a termina cu imblătitul; Jemanden —breschen, a bate, a freca pre cineva; abgebroschene Redensarten, frase banale; —bringen, r. a. ir., a scoate cu sila.

Abbruck, pl. —brücke, s. m., copie, probă de tipar; der erste —, prima probă de tipar; — einer Figur in Wachs, întipărirea unei figuri în ceară; —en, r. a., a tipări.

Ab-brücken, r. a., a împinge la o parte; ein Gewehr —, a slobozi pușca; das brückt mir das Herz ab, asta 'mi sfășiă inima.

Abbuktion, s. f., abducțiune.

Abbunkeln, r. a., a da o coloare mai închisă.

Ab-bunsten, r. a., a se evapora; —bünsten, v. a., a scădě un fluid prin evaporare; —bünstung, s. f., evaporațiune.

Ab-ebenen, r. a., a netedi; —eden, r. a., a tèmpi cornurile.

Abend, pl. —e, s. m., seară, apus, occident; es wird —, înseară; mit dem — in die Stadt kommen, a sosi în cetate cu imurgitul serei; —anbacht, s. f., vecernie; —brob, s. n., cină; ʒu — eſſen, a cina; der heilige —, ajunul serbătorii nascerii Domnului; gegen —, în deseară. cătră apus: —bämmerung, s. f., înmurgitul serei; —eſſen, s. n., cină; —falter, s. m., fluture de seară; —gebet, s. n., rugăciune de seara; —geſellſchaft, s. f., serată; —gottesbienſt, s. m., vecernie, priveghiere; —kühle, s. f., recoare de seara; —land, s. n., apus, occident; —länder, s. m., apusean; —länder, s. f. pl., țeri occidentale; —ländiſch, adj., apusean, occidental; —ländiſche Kirche, biserica apuscană; —lich, adj., de seară; —lied, s. n., cântare de seara; —luft, s. f., vént lin după apunerea soarelui, zefir; —mahl, s. n., cină; das h. —mahl, santa cuminecătură: ʒum h. —mahl gehen, a se cumineca, a se împărtăși cu săntele taine; das —mahl reichen, a cumineca; —marít, s. m., térg de seara; —muſik, s. f., serenadă; —röthe, s. f., —roth, s. n., roșeața cerului de seara.

Abends, adv., seara; heute —, astă seară; geſtern —, a seară, eri seară.

Abend-ſchmaus, s. m., banchet de seara; —ſeite, s. f., partea de cătră apus, doștină; —ſtern, s. m., luceafĕrul de seara; —ſtille, s. f., liniștea serei; —ſtunde, s. f., oara de seară; —tiſch, s. m., cină: —unterhaltung, s. f., petrecere de seara, serenadă; —vogel, s. m. (zool.), fluture de seara; —völker, s. m. pl., popoare apusene, occidentale; —wärts, adv., cătră apus; —wind, s. m., vént de cătră apus.

Abenteuer, s. n., aventura, întémplare ciudată; auf —ausgehen, a întreprinde un lucru periculos, a umbla după aventure; —lich, adj. și adv., aventuros, nebunatec, ciudat, estravagant; —n, v. n., a umbla după aventure; —er, s. m., om fără căpĕtâiu, aventurar.

Aber, adv., de nou, eară; tauſend und —tauſend, mii și mii; —, conj., ci, însă, dară; dennoch —, totuși; oder —, seau de nu, altmintrea; nun —! ei bine!, es iſt kein Menſch ohne ein —, fie-care om are defectele sale.

Aber-glaube, s. m., credință deșartă, superstițiune; —gläubig, —gläubiſch, adj., superstițios.

Aberkennen, v. a. ir., a lua ceva din posesiunea cuiva prin sentență.

Aber-mal, —mals, adv., de nou, încă odată; —malig, adj., de nou, repețit.

Abernten, v. a., a secera, a culege toate fructele.

Aberwitz, s. m., nebunie, închipuire, estravaganță; —ig, adj., nebunatec, estravagant.

Abeſſen, v. a. ir., a mânca tot ce se află.

Abfachen, *v. a.*, a împărți un armar prin tablete.

Abfahren, *v. n. ir.*, a pleca, a porni la drum, a se duce cu trăsura; die Post ist abgefahren, poșta a plecat; der Hammer ist abgefahren, ciocanul 'și-a eșit din mănunchiu; —, *v. a. ir.*, a duce, a căra, a rupe; ein Stück von der Mauer —, a rupe o bucată de zid cu carul; Heu und Grummet —, a căra fên și otavă; ein Pferd —, a ostăni un cal preste měsură; die Räder fahren sich ab, roatele se tocesc.

Abfahrt, *pl.* —en, *s. f.*, plecare, pornire din loc.

Abfall, *pl.* —fälle, *s. m.*, cădere, povêrniș, scursură, scăděmênt; decadență; — des Wassers, scursura, scăděmêntul apei; — eines Berges, surparea unui deal; in —kommen, a decădè; — von der Religion, apostasie, renegare; —, remășițe, fărimături.

Ab-fallen, *v. n. ir.*, a cădè jos, a decădè, a scădè; das Wasser fällt ab, apa scade; von Jemand —, a abandona partita cuiva; von seinem Glauben —, a 'și schimba credința, legea; der Wein fällt ab, vinul se acresce; —, *s. n.*, cădere; —fällig, *adj.*, înclinat; nefavorabil.

Abfalzen, *v. a.*, a rade cu cuțitoaea; a obli cu ghilěul, ca să se îmbuce o scândură într'alta.

Abfangen, *v. a.*, a prinde pre cineva.

Abfärben, *v. n.*, a 'și perde coloarea.

Abfasern, *v. a.*, a descăma, a curăți de ațe.

Abfass-en, *v. a.*, a compune ceva în scris; a prinde pre cineva; —ung, *s. f.*, compunere, composiție, redactare.

Ab-fäulen, *v. n.*, a putredì; —fäumen, *v. a.*, a lua spuma.

Abfedern, *v. a.*, a smulge penele; —, *v. n.*, a perde penele.

Abfegen, *v. a.*, a mătura, a șterge pulberea.

Ab-feilen, *v. a.*, a depili; —feilicht, *s. n.*, pilituri.

Abfertig-en, *v. a.*, a trimite, a espedia; Jemanden —, a 'i da cuiva drumul, a 'i da ce i se cuvine; —ung, *pl.* —en, *s. f.*, espedare; depărtare, dimitere.

Abfetten, *v. a.*, a lua grăsimea.

Abfeuern, *v. a.* și *n.*, a descărca o pușcă; a înceta cu pușcatul.

Abfiltriren, *v. a.*, a trece prin filtru, a filtra.

Ab-finden, sich, *v. r.*, a se învoi; —, *v. a.*, a satisface, a mulțămì pre cineva cu ceva; —findung, *s. f.*, convențiune, învoire; —fingern, *v. a.*, a numěra pe degete; —flachen, *v. a.*, a nenedì o față povêrnită; —flechten, *v. a.*, a despletì; —fleischen, *v. a.*, a curăți carnea de pe pei; —fliegen, *v. n. ir.*, a se depărta sburând, a sbura; —fließen, *v. n. ir.*, a curge înjos, a se scurge; —flößen, *v. a.*, a plutì lemne pe apă; —fluß, *s. m.*, scurgere.

Abfordern, r. a., a cere, a pretinde; —forderung, pl. —en, s. f., cerere, pretensiune; —formen, r. a., a modela; —forsten, r. a., a tăiè o pădure; —fragen, r. a., a întreba după rând; —fressen, r. a. ir., a roade, a mânca; das Gras —, a pasce earbă; —frieren, r. n. ir., a degera cu totul; —fuhr, s. f., transport, transportare.

Abführ=en, r. a., a duce, a căra, a transporta; Getreide auf Wägen —, a căra bucate; das Wasser von einem Orte —, a abate apa dintr'un loc; Jemanden ins Gefängniß —, a duce pre cineva in prinsoare; —ende Mittel, medicamente purgative; —ung, s. f., transport; urdinare, lacsare.

Abfüllen, r. a., a goli, a deşerta in parte.

Abfurchen, r. a., a despărţi prin brezde.

Abfüttern, r. a., a nutri bine vitele.

Abgabe, pl. —en, s. f., dare, dajdie, contribuţiune, tribut; —n entrichten, a plăti dările; — eines Briefes, estradarea unei epistole; — von der Viehweide, erbărit; —nfrei, adj., scutit de dăjdii, de biruri; —nfreiheit, s. f., scutire de dăjdii.

Abgähren, r. n. ir., a inceta de a ferbe, de a se fermenta.

Abgang, pl. —gänge, s. m., plecare, trecere, scădêmênt, lipsă; — aus diesem Leben, repausare; kein Hauswesen ist im —, economia sa e în scădêmênt; — des Wassers, lipsa de apă; die Waare findet —, marfa are trecere, se caută; guten —finden, a se vinde cu preţ; — der Leibesfrucht, abortare; — des Blutes, perdere de sânge.

Abgängig, adj., ce lipsesce.

Abgangsloch, pl. —löcher, s. m., găuricea coşniţei de albine.

Abgäten, r. a., a pliví un strat.

Abgeben, r. a. ir., a da, a preda, a plăti dăjdii; einen Fleischer —, a face pe măcelarul, a fi măcelar; das wird einen rechten Lärm —, asta va pricinui larmă mare, va face multă gălăgie; —, r. r. ir., sich mit Etwas, a se îndeletnici, a se ocupa cu ceva; sich mit Jemandem —, a avè de lucru, a avè afaceri cu cineva; er gibt sich viel mit Sprachen ab, el se ocupă mult cu limbistica.

Abgebrannt, adj., ars, pârlit; păgubit prin foc.

Abgedroschen, adj., trivial.

Abgefeimt, adj., şiret, astut, rafinat.

Abgehen, r. n. ir., a pleca, a porni, a purcede, a merge, a călětori; einen Brief — lassen, a trimite o epistolă; die Waare geht stark ab, marfa se caută foarte; von seiner Meinung —, a 'şi schimba părerea; von seinen Forderungen —, a renunciă la pretensiunile sale; es ist alles gut abgegangen, toate au mers bine; es geht ihm nichts ab, nu 'i lipsesce nimic; das Feuer geht ab, focul sĕ stinge; es geht ihm dadurch nichts ab, el nu perde acì nimica; von dieser Summe muß noch viel —, trebue sĕ mai scadă mult din această sumă; die Sache ging schlecht ab, treaba reeşi rĕu; mit Tod —, a trece din vieaţă, a muri.

Abgeizen, r. a. şi r., a 'şi trage dela gură.

Ab=gelebt, adj., gârbovit de bĕtrâneţe, bĕtrân, trăit, indjilit; —gelebtheit, s. f., bĕtrâneţe; —gelegen, adj., depărtat, isolat, singuratec; —gelegener Wein, vin aşedjat, limpede, vechiu; —gelegenheit, s. f., depărtare, singurătate, isolare.

Abgemessen, adj., esact, precis; —heit, s. f., precisiune, esactitate.

Abgeneigt, adj., neaplecat, alian; er ist ihm —, nu i e aplecat, nu 'i voesce binele; —heit, s.f., displăcere, neaplecare.

Abgeordnete, pl. —n, s. m., deputat, delegat, comissar.

Abgeredet, adj., învoit; —er Maßen, după învoirea făcută.

Abgerichtet, adj., învĕţat, dresat.

Abgerundet, adj., rotundjit.

Abgesagt, adj., —er Feind, inimic declarat, neîmpăcat; vedji: Absagen.

Abgesandte, pl. —n, s. m., trimis, sol, ambasador.

Abgeschieden, adj., despărţit, retras; die —en, s. m. pl., reposaţii; —heit, s. f., singurătate, retragere.

Abgeschliffen, adj., poleit, tocit.

Abgeschmackt, adj., neplăcut, fără gust, sarbĕd; —e Reden, fleacuri, vorbe nesărate; —heit, s. f., greţoşie, insipiditate.

Abgestanden, adj., stătut; —er Fisch, pesce stătut, mort.

Abgestorben, adj., uscat, mort; —es Holz, lemn mort, uscat.

Abgetragen, adj., purtat, tocit, ponosit.

Abgewichen, adj., vedji: Abweichen.

Abgewinnen, r. a. ir., Jemandem Etwas —, a câştiga ceva dela cineva.

Abgewöhnen, r. a., Jemandem Etwas —, a desvĕţă pre cineva dela ceva; sich Etwas —, a se desvĕţa de ceva.

Abgezehrt, adj., slăbit, uscat.

Abgießen, r. a. ir., a vĕrsa, a turna o figură în ceară, ipsos.

Abglanz, s. m., splendoare, reflecs.

Abglätten, r. a., a netedji, a polei.

Abgleichen, r. a. ir., a obli, a plana.

Abgleiten, r. a. ir., a aluneca.

Abglimmen, r. a. ir., a se stinge pe încet.

Abglitschen, r. a., vedji: abgleiten.

Ab=gott, pl. —götter, s. m., idol; —götter, s. m., idololatru, închinător de idoli; —gottschlange, s.f., şerpe uriaş, boa; —götterei, s. f., idololatrie, închinare la idoli; —göttisch, adj., idololatric.

Abgraben, r. a. ir., a săpa; einen Hügel —, a plana o colină; einen Acker —, a închide o ţarină cu şanţ; einen Weg —, a opri trecerea pe o cale prin un şanţ tras; das Wasser —, a abate apa prin un șanț.

Abgrämen, sich, r. r., a se topi de supěrare.

Abgrasen, r. a., a pasce earba.

Abgreifen, r. a., a strica prin multă purtare, pipăire; ein abgegriffener Hut, o pălărie roasă.

Abgrenzen, r. a., a pune margini, a limita, a despărți.

Abgrund, pl. —gründe, s. m., adêncime, prăpastie, abis.

Abguden, r. a., a se uita pe furiș; a învěța ceva věḑênd pe alții făcênd.

Abgunst, s. f., defavor, ură.

Abgünstig, adj., defavorabil.

Abgürten, r. a., a descinge, a deschinga.

Abguß, pl. —güsse, s. m., turnătură de materie topită într'o formă, model.

Abhaaren, r. a., a curăți de pěr, a smulge pěrul.

Abhacken, r. a., a tăiě cu sěcurea; a săpa.

Abhadern, r. a., a câștiga ceva prin ceartă.

Abhäften, r. a., a descopcia.

Abhageln, r. a. imp., a încetă de a grindina: es hat alle Blätter abgehagelt, grindinea a dărîmat toate foile.

Abhängen, r. a., a despărți, a închide ca gard.

Abhäfeln, r. a., a descârliga.

Abhalftern, r. a., a lua căpěstrul.

Abhalsen, r. a., veḑi: Umarmen.

Abhalt-en, r. a., a ține în depărtare; a reține, a oprì, a impedeca: Jemanden von der Arbeit —, a împedeca pre cineva dela lucru; —ung, s. f., reținere, împedecare.

Abhämmern, r. a., a rupe prin lovituri de ciocan.

Abhandeln, r. a., a târgui, a cumpěra; a tracta, a diserta; Jemandem ein Haus —, a târgui o casă dela cineva; Etwas vom Preise —, a scădě din prețul cumpěrărei.

Abhanden, adv., —sein, —kommen, a lipsi, a se perde.

Abhandlung, pl. —en, s. f., tractat, disertațiune scientifică.

Abhang, pl. —hänge, s. m., coboriș, coastă de munte; —en, r. n. ir., a atârna, a spênḑura în jos.

Abhäng-en, r. a., a lua din cuiu, a descăța; a depinde, a atârna dela ceva; —ig, adj., atârnat, atârnător; —igkeit, s. f., atârnare, dependență.

Abharken, v. a., a grebla.

Abhärmen, sich, r. r., veḑi: grämen.

Abharren, r. a., veḑi: Abwarten.

Abhärt-en, r. a., a învêrtoșa, a întări; sich —, r. r., a se întări la trup; —ung, s. f., învêrtoșare, întărire.

Abharzen, r. a., a aduna rěșina de pe un arbore.

Ab-haspeln, r. a., a depăna; —haspler, s. m., depănător; —haspelrin, s. f., depănătoare.

Abhauen, r. a. ir., a tăiě, a curma.

Ab-häufeln, r. a., a împărți în grămeḑi mici; —häuten, r. p., a trage pelea, a despoia de pele.

Abheben, *v. a.*, a ridica; bie Karten —, a tăiè cărțile de joc.
Abheften, *v. a.*, a descopcia, a descătărăma.
Abheilen, *v. a. ir.*, a vindeca, a se vindeca.
Abhelfen, *v. a. ir.*, a ajuta la ceva; einem Uebel —, a lecui, a înlătura un rĕu.
Abherzen, *v. a.*, a omorî pre cineva cu îmbrățișări.
Abhetzen, *v. a.* și *r.*, a ostănì cu fuga, cu goana, a se ostănì preste mĕsură.
Ab-heuchein, *v. a.*, a dobêndì prin fățărie; — heulen, *v. a.*, a recita ceva în ton plângĕtor.
Abhilfe, *s. f.*, ajutor; lecuire, delăturare.
Abhobeln, *v. a.*, a oblì cu rêndeaoa, cu ghilĕul.
Abhold, *adj.*, vedi: abgeneigt.
Abholen, *v. a.*, a aduce ceva de undeva; a însoțì pre cineva.
Abholz, *s. n.*, rămuri uscate; —en, *v. a.*, a lăzuì, a tăiè lemne dintr'o pădure; —ung, *s. f.*, lăzuire.
Ab-horchen, *v. a.*, a asculta pe ascuns, a spiona; — hören, *v. a.*, a asculta mărturii; —hörung, *s. f.*, ascultarea marturilor.
Abhülfe, *s. f.*, vedi: Abhilfe.
Abhülsen, *v. a.*, a desface, a curățì de păstăi.
Abhungern, sich, *v. r.*, a slăbì, a se topì de foame.
Abhüpfen, *v. n.*, a se depărta sărind.
Abhusten, *v. a.*, a lăpĕda flegma tușind.

Abhüten, *v. a.*, a pasce earba de pe o livade.
Abicht, *s. n.*, partea din dos a pânurei.
Abirren, *v. n.*, a se rătăcì; —ung, *s. f.*, rătăcire.
Abjagen, *v. a.*, a fugărì, a obosì prin goană; Jemandem Etwas —, a răpì ceva dela cineva fugind după el.
Abjochen, *v. a.*, a desprinde din jug.
Abkalbeu, *v. n.*, a înceta de fĕtat viței.
Ab-kämmen, *v. a.*, a peptena; —kämpfen, *v. a.*, a câștiga prin luptă.
Abkanten, *v. a.*, a tăiè dungile unei scănduri.
Abkanzeln, *v. a.*, a vorbì de pe catedră; Jemanden —, a dojenì pre cineva.
Abkappen, *v. a.*, a retezì vêrful unui pom.
Ab-kargen, *v. a.*, a detrage dela gură; —karten, *v. a.*, a complota, a se înțelege pe ascuns.
Abkauen, *v. a.*, a roade, a rojnì.
Ab-kauf, *pl.* —käufe, *s. m.*, cumpĕrătură, lucru cumpĕrat; Jemandem Etwas — kaufen, *v. a.*, a cumpera ceva dela cineva; —käufer, *s. m.*, cumpĕrător; —käuflich, *adj.*, de cumpĕrat.
Ab-kehlen, *v. a.*, a face parcan; ein Kalb —, a tăiè berigata unui vițel; —kehren, *v. a.*, a mătura, a curĕțì de praf; vedi: Wegwenden; — kehrung, *s. f.*, măturare, curățire, abatere dela rĕu.

Ablehricht, *s. m.*, gunoiu.

Ableſtern, *r. a.*, a tescuì, a stoarce.

Abletten, *r. a.*, a deslănţuì.

Ablimmen, *r. a.*, a tăiè gardinul unei doage.

Ablippen, *r. a.*, a tăiè vêrful.

Abloftern, *r. a.*, a mĕsura cu stênjinul, a împărţì în orgii.

Abflammern, *r. a.*, a scoate scoabele.

Ablären, *r. a.*, a limpeḑì; —ung, *pl.* —en, *s. f.*, limpeḑire.

Ablatſch, *s. m.*, copie modelată.

Ablauben, *r. a.*, a culege.

Ableiden, *r. a.*, a desbrăca; —ung, *s. f.*, desbrăcare.

Abflemmen, *r. a.*, a desprinde cu clescele.

Ablettern, *r. a.*, a se scoborì pe mâni.

Abloypfen, *r. a.*, a scutura de praf; a bate pre cineva bine.

Ab-fnabbern, *r. a.*, a roade; —fnallen, a sloboḑì (o armă de foc); —fnaupeln, a roade carnea de pe os.

Abfneipen, *r. a.*, a rupe cu unghiile, cu clescele.

Abfnöpfen, *r. a.*, a desbumba, a descheia.

Abfnüpfen, *r. a.*, a desnoda.

Abfodjen, *r. a.*, a ferbe, a pregătì prânḑul; a face un decoct.

Abfommen, *r. n. ir.*, a se departa (din calea sa), a se perde; von ſeiner Rede —, a 'şi perde tirul vorbirei; — fönnen, a avè răgaz pentru ceva; nicht — fönnen, a n'avè răgaz, a fi împedecat de a venì; —, *s. n.*, invoire; ein gütliches — treffen, a se învoì cu binele cu cineva; — ſchaft, *pl.* —en, *s. f.*, descendenţă, neam.

Abfömmling, *pl.* —e, *s. m.*, descendent, odraslă.

Abföpfen, *r. a.*, a tăiè capul, a decapita, a reteza (un arbore).

Abfopiren, *r. a.*, a decopia.

Abfoppeln, *r. a.*, a deslega cânii (la vênat).

Abfränken, ſich, *r. r.*, veḑi: ſich abhärmen.

Abfratzeiſen, *s. n.*, fer la scară pentru curăţirea încălţămintei.

Abfratzen, *r. a.*, a sgâräia, a rade.

Abfrauten, *r. a.*, a curăţì o viie de burueană.

Abfrümmeln, *r. a.*, a se sfrimì.

Abfühlen, *r. a.*, a rěcì; ſich —, *r. r.*, a se recorì; —ung, *adj.*, recoritor; —faß, *pl.* —fäſſer, *s. n.*, rĕceriu; —ung, *s. f.*, rĕcorire.

Abfündigen, *r. a.*, a abḑice cuiva ceva.

Abfunft, *s. f.*, nascere, descendenţă, origine; învoire.

Abfürzen, *r. a.*, a scurta, a abrevia; einen Bruch —, a reduce o fracţiune; Jemanden den Lohn —, a trage cuiva din simbrie; —ung, *s. f.*, scurtare, abreviaţiune: —ungszeichen, *s. n.*, semn de abreviaţiune.

Abfüſſen, *r. a.*, a săruta mult pre cineva.

Ablachen, ſich, *r. a.*, a murì de ris.

Ablade-n, *r. a.*, a descărca; —er, *s. m.*, descărcător; —ung, *pl.* —en, *s. f.*, descărcătură.

Ablage, *s. f.*, deposit; —rn, *v. n.*, a descărca, a se aședa; der Wein ist abgelagert, vinul s'a aședat, s'a învechit.

Ablanden, *v. n.*, a se depărta dela țĕrmure.

Ablangen, *v. a.*, vedi: herablangen.

Ablaß, *pl.* —lässe, *s. m.*, scurgere; ertare de pĕcate, indulgență; —kram, *s. m.*, trafică de indulgențe.

Ablassen, *v. a.*, a lăsa se curgă, a slobodi; den Wein —, a trage vinul dintr'un vas într'altul, a pune cep la bute; Etwas vom Preise —, a lăsa ceva din preț; von der Arbeit —, a înceta dela lucru.

Ablativ, *pl.* —e, *s. m.*, ablativ.

Ablatten, *v. a.*, a deslățui.

Ablauben, *v. a.*, a desfrundi, a curăți de frunde.

Ablauern, *v. a.*, a legui, a pândi.

Ablauf, *pl.* —läufe, *s. m.*, curgere, scursură, decurs, finit; nach — eines Tages, des Termins, după o di, după trecerea terminului; vor — der Post, înainte de plecarea postei; —en, *v. n. ir.*, a se scurge, a curge, a decurge; a se sfĕrși, a înceta de a mai umbla; die Uhr ist abgelaufen, orologiul nu umblă, nu este tras; gut —, a reuși bine, a avĕ succes; seinen Gegner — en lassen, a se feri de lovitura contrarului; Jemandem den Rang —en, a lua pre cineva pe dinainte; der Mühlstein hat sich ganz abgelaufen, peatra de moară s'a tocit.

Abläufer, *s. m.*, mosor gol, încrucitura firelor la țĕsut.

Ablauf=rinne, *s. f.*, lăptoc; —zeit, *s. f.*, termin de plătire.

Ablaugen, *v. a.*, a leșia.

Ab=läugnen, *v. a.*, a nega, a denega, a se lăpĕda de cineva; —läugnung, *s. f.*, denegațiune lăpĕdare de cineva.

Ablauschen, *v. a.*, vedi: ablauern.

Abläuter=faß, *pl.* —fässer, *s. n.*, putină; —n, *v. a.*, a limpedi, a lămuri, a rafina; —ung, *s. f.*, limpedire.

Ableben, *v. n.*, a muri, a reposa; —, *s. n.*, moarte, reposare.

Ablecken, *v. a.*, a linge.

Ablegat, *s. m.*, ablegat.

Ableeren, *v. a.*, a goli.

Ablegen, *v. a.*, a pune jos, a depune; seine Kleider —, a se desbrăca de vestminte; die Trauer —, a depune doliul, a nu mai jeli; ein Bekenntniß —, a face o mărturisire; sein Glaubensbekenntniß —, a face profesiunea sa de credință; seine sterbliche Hülle —, a muri; einen Eid —, a pune jurămĕnt; die Probe —, a da probă; eine Rechnung —, a da socoteala; die Kinderschuhe —, a eși din vĕrsta copilăriei; eine Schuld —, a rĕsui o datorie.

Ableger, *s. m.*, vlăstar, mlădită, butaș; —ung, depunere; —ung eines Eides, depunerea unui jurămĕnt; —ung einer Schuld, rĕfuirea unei datorii; —ung seines Glaubens, lăpĕdarea de credință.

Ablehnen, r. a., a nu primì, a refusa; —ung, s. f., refus.

Ab-leiern, r. a., a cânta monoton; —leihen, r. a., a împrumuta; —leimen, r. a., a desclei.

Ableiten, r. a., a abate; a deriva, a deduce; —er, s. m., abătător; vedi: Blitzableiter; —ung, s. f., abatere, derivațiune, deducțiune: —ungssilbe, s. f., silabă de derivațiune; —ungsgraben, șanț pentru abaterea apei.

Ablenken, r. a., a abate; einen Verdacht von sich —, a delătura dela sine un prepus; —ung, s. f., abatere, diversiune.

Ablernen, r. a., a învăța vedend dela altul.

Ablesen, r. a. ir., a ceti, a ceti din cap pănă in sfěrșit: a culege, a curăți; die Raupen von den Bäumen —, a curăți pomii de omide; die Weintrauben —, a culege strugurii; —er, s. m., cetet, cetitor, culegětor; —ung, cetire, culegere.

Abliefern, r. a., a da ceva în mânile altuia; eine Arbeit —, a preda un lucru isprăvit: —ung, s. f., predare.

Abliegen, r. a. ir., a fi depărtat, isolat; abgelegener Ort, loc depărtat, isolat; —, r. n., a slăbì prin neîntrebuințare.

Ablocken, r. a., Jemandem Etwas —, a scoate ceva dela cineva prin lingușiri; Jemandem Thränen —, a stoarce cuiva lacrimi din ochi; —listen, r. a., vedi: —locken.

Ablohnen, r. a., a plătì simbria datorită.

Ablösch-en, r. a., a stinge, a șterge; —ung, s. f., stingere, ștergere.

Ab-lösen, r. a., a deslega, a desface; die Wache —, a schimba custodia; die Kanonen —, a descărca tunurile; sich einander —, a schimba locul cu altul; den Zehnten —, a rescumpěra dijma: sich —, r. r., a se desface (coaja); —lösbar, —löslich, ce se desface ușor; —lösung, s. f., desfacere, deslegare.

Ablöthen, r. a., a deslipì (metale innădite).

Ablügen, r. a. ir., a obținè ceva prin minciuni.

Abmachen, r. a., a desface, a deslega, a termina; eine Sache —, a regula, a termina o afacere; das ist eine abgemachte Sache, asta e un lucru făcut.

Abmager-n, r. n., a slăbì; —ung, s. f., slăbire.

Abmäh-en, r. a., a così; —ung, s. f., cosire.

Abmahlen, r. a., a măcina.

Abmahn-en, r. a., a desvătuì pre cineva dela ceva; —ung, s. f., desvătuire.

Abmalen, r. a., a zugrăvì, a depinge, a descrie cu cuvinte.

Abmärgeln, r. a., a slăbì, a debilita; ein Pferd —, a obosì preste mésură un cal.

Abmarken, r. a., a pune semne de hotar.

Abmarsch, pl. —märsche, s. m., pornire, mers; —iren, r. a., a pornì la drum.

Abmarten, v. a., a chinui, a tortura; sich —, r. r., a se chinui, a se turmenta; —ung, s. f., chinuire, turmentare.

Abmatten, v. a., a ostăni, a obosi foarte, —ung, s. f., obosire, ostănire, fatigă.

Abmeischen, r. a., a scurge braga, sucul de pe colții de orz.

Abmeißeln, r. a., a netezi cu dalta.

Abmelken, v. a., a mulge vacile.

Abmerken, r. a., Jemandem Etwas —, a învăța dela cineva vĕḑendu'l lucrând; an den Augen —, a ceti ceva în ochii cuiva.

Abmeßbar, adj., ce se poate mĕsură.

Abmessen, v. a. ir., a mĕsura, a cumpeni, a cântări; seine Worte —, a 'și cumpeni cuvintele; —er, s. m., mĕsurător; —ung, s. f., mĕsurare, mesurătură.

Abmiethen, r. a., în închiria, a lua în chirie; —er, s. m., închirietor, chirigiu.

Abmisten, r. a., a curăți de gunoiu.

Abmodeln, r. a., a face un model.

Abmoosen, v. a., a curăți de mușchiu (un arbore).

Abmüden, r. a., veḑi: ermüden.

Abmühen, sich, v. r., a 'și da ostăneală.

Abnagen, v. a., a roade, a ciuguli.

Abnähen, r. a., a coase.

Abnahme, s. f., scădere, împuținare, decrescĕmént; in — gerathen, a decăde, a scăde; — eines Beines, amputațiune; — des Verbandes, desfacerea unei legături; — des Gesichts, slăbirea vederei; — des Wassers, scăderea apei; — des Mondes, decrescerea lunei.

Abnarben, r. a., a rade peile.

Abnehmen, v. a. ir., a lua; den Hut —, a 'și lua păleria de pe cap; Früchte —, a culege frupte; den Bart —, a rade barba; Jemandem die Larve —, a demasca pre cineva; die Speisen —, a lua bucatele de pe masă; den Schafen die Wolle —, a tunde oile; den Rahm —, a smântâni; den Fuß —, a tăie, a amputa piciorul; ein Kalb —, a întărca un vițĕl; Jemandem eine Waare —, a cumpĕra o marfă dela cineva; Jemandem sein Geld —, a câștiga dela cineva bani în joc; so viel ich — kann, încât pot înțelege; —, v. n. ir., a scăde, a împuțina, a decresce; die Tage nehmen ab, ḑilele scad, se scurtă; seine Kräfte nehmen ab, puterile'i scad din ḑi în ḑi; er hat sehr abgenommen, el a slăbit foarte; der Mond nimmt ab, luna scade, decresce; —, s. n., scădere, decrescĕmént; —er, s. m., cumpĕrător, mușteriu.

Abneigen, v. n., a se depărta; sich —, v. r., a se pleca, a înclina într'o parte; er ist mir abgeneigt, nu 'mi e aplecat. —ung, pl. —en, s. f., neaplecare, antipatie.

Abraffen, r. a., das geschnittene Getreide, a aduna în snopi bucatele secerate.

Abrahmen, r. a., a smântâni laptele.

Abrainen, *r. a.*, a despărți un câmp.

Abranden, *r. a.*, a tunde in rotundime; —ranken, *r. a.*, a curăți vița de frunde; —rappen, a culege borboanele de struguri de pe ciorchină; —rasen, *r. a.*, a paște earba; —raspeln, *r. a.*, a pili, a rade cu pila.

Abrathen, *r. a. ir.*, a desfătui, a desmânta; —räuchern, *r. a.*, a afuma bine; —raufen, *r. a.*, a smulge lâna de pe pele.

Abraum, *s. m.*, dărimături (de copaci); —räumen, *r. a.*, den Tisch —, a lua de pe masă; —räumung, *s. f.*, curățirea unei păduri; —raupen, *r. a.*, a curăți pomii de omide.

Abrechen, *r. a.*, a grebla; —rechnen, *r. a.*, a incheia socoteala, a scùlè din socoteală; mit Jemandem —rechnen, *r. a.*, a incheia socoteala cu cineva; dies abgerechnet, abstracțiune făcênd dela aceasta; —rechner, *s. m.*, licuidator; —rechnung, *pl.* —en, *s. f.*, incheerea computului, scont, licuidațiune.

Abrechte, *s. f.*, dosul pânurei; —*ten*, *r. a.*, a lua ceva dela cineva pe calea legei.

Abrede, *s. f.*, coințelegere, convențiune; — mit Jemandem nehmen, a se ințelege cu cineva despre ceva; nicht in —stellen, a nu nega, a se invoi; —n, *r. a.*, Jemanden von Etwas —, a desfătui pre cineva dela ceva.

Abreiben, *r. a. ir.*, a freca, a neteți, a curăți; sich —, *r. r.*, a se toci; —ung, *pl.* —en, *s. f.*, frecare.

Abreifen, *r. a.*, a decercui; —, *r. n.*, a se coace bine; —reihen, *r. n.*, a desfira, a desface din șir.

Abreise, *s. f.*, plecare, pornire; —n, *r. n.*, a pleca în călătorie, a călători.

Abreißen, *r. a. ir.*, a se rupe, a se sfâșia; ein Haus —, a dărima o casă; a se smulge, a se scoate în silă; sich von einer Gesellschaft —, a se smulge dintr'o societate.

Abreiten, *r. a. ir.*, a ostăni un cal prin prea mult călărit.

Abrennen, *r. a. ir.*, a lua în fugă; Jemandem den Weg —, a 'i tăiè cuiva drumul.

Abrichten, *r. a.*, a invêța, a instrui, a dresa; Soldaten —, a esercita, a disciplina soldați; Pferde —, a dresa cai; —er, *s. m.*, instructor; —ung, *pl.* —en, *s. f.*, instrucție, dresură.

Abriegeln, *r. a.*, a incuia cu zăvorul.

Abrikose, *s. f.*, apricosă.

Abrinden, *r. a.*, a curăți de coaje, a descorța; —ringen, *r. a.*, a 'și elupta; —rinnen, *r. n. ir.*, a curge; —riß, *pl.* —e, *s. m.*, plan, schiță, desemn, prescurtare.

Abnieten, *r. a.*, a rupe ținta unui cuiu.

Abnorm, *adj.*, neregulat, abnorm; —ität, *pl.* —en, *s. f.*, iregularitate, abnormitate.

Abnöthigen, *r. a.*, a scoate, a stoarce cu sila.

Abnuţĕn, r. a., a învechì, a strica, a tocì prin folosire; ſich —, r. r., a se tocì prin purtare; —ung, s. f., învechire, stricare, tocire.

Abonnement, pl. —s, s. n., abonament; —ent, s. m., abonent; —iren, r. a., a abona, a prenumĕra.

Abordnen, r. a., a delega, a însărcina cu vre-o missiune; —nung, pl. —en, s. f., delegare, delegaţiune.

Abort, pl. —e, s. m., eșitoare, retiradă; —iren, r. n., a lăpĕda fĕtul, a aborta.

Abpachten, r. a., a lua în arĕndă, —packen, r. a., a descărca, a despacheta; —packer, s. m., descărcător; —packung, s. f., descărcare, descărcătură.

Abpaſſen, r. a., a aştepta, a pândì timpul potrivit pentru a face ceva.

Abpeitſchen, r. a., a biciuì pre cineva.

Abpfählen, r. a., a implânta pari, a însemna cu pari; —pfänden, r. a., a zălogì; —pfändung, pl. —en, s. f., zălogire.

Abpflöcken, r. a., a semna cu pociumpi; —pflücken, r. a., a culege, a rupe (flori, fructe); —pflügen, r. a., veḑì: abackern.

Abpicken, v. a., a incioca.

Abplacken, —plagen, r. a., a molesta; ſich —, r. r., a se necăjì; —platten, r. a., a turtì, a netedì; —plattung, pl. —en, s. f., turtire, netedire; —plätten, r. a., a călca cu ferul (rufe); —platzen, r. n., a crepa; —plätzen, r. a., a semna copacii vênduţi cu ciocanul, a dărima arborii vênduţi.

Abpochen, r. a., a desface prin lovituri de ciocan.

Abprägen, r. a., a tipărì, a bate monetă.

Abprallen, —prellen, r. a., a trĕsări, a improşca.

Abpreſſen, r. a., a stoarce banì cu sila.

Abprotzen, r. a., a desprinde caii dela tun.

Abprügeln, r. a., a bate, a freca bine pre cineva.

Abputzen, r. a., a netedì tenciuela unui zid; die Schuhe —, a curăţì încălţămintea; das Licht —, a lua mucii dela luminare; Jemanden —, a mustra aspru pre cineva.

Abquälen, r. a., veḑì: abplagen.

Abquerlen, r. a., Fleiſchbrühe mit Eiern —, a bate ouĕ în supă; —quetſchen, r. a., a strivì.

Abrackern, r. a., a strapaţa un cal.

Abrädeln, r. a., a tăiè cu rotila (aluatul).

Abrohren, r. a., a tăiè trestia dintr'un loc; — rollen, r. a., a destăvălì, a desfăşura, a desdăpăna; —röſten, r. a., a prăjì bine.

Abrücken, r. a., a departa ceva dela un loc.

Abrudern, r. n., a se depărta cu corabia de mal.

Abruf, s. m., chiemare, apel, rechiemare; —en, v. a. ir., a rechiăma; die Stunden der Nacht

—, a anuncia oarele nopții; Gott hat ihn abgerufen, Ddeu 'la chiămat la sine.

Abbrühren, v. a., Eier, a bate ouĕ in supă.

Abrunden, v. a., a rotundì, a aronda.

Abrupfen, v. a., a smulge penele.

Abrüsten, v. n., a depune armele.

Abrutschen, v. n., a luneca.

Abrütteln, v. a., a scutura.

Absacken, v. a., a deșerta sacii.

Absage, s. f., refus, renunciare, părăsire; —n, v. a. și n., a revoca, a renuncia, a refusa, a contramanda, a se lăpĕda de cineva; seinen Glauben —, a 'și renega credința; den Teufel —, a se lăpĕda de satana; ein abgesagter Feind, inimic declarat.

Absägen, v. a., a tăiè cu ferestreul.

Absagung, pl. —en, s. f., vedĭ: Absage.

Absahnen, v. n., vedĭ: Abrahmen.

Absatteln, v. a., a lua șeaoa de pe cal.

Absatz, pl. —sätze, s. m., pausă, alineat, închĕetură, articol, distanță, călcăiu; — der Waaren, vênqarea, desfacerea mărfurilor.

Absäubern, v. a., a curățì, a spăla.

Absaufen, v. a., a bea (spuma de deasupra).

Absaugen, v. a., a sbate ugerul; —säugen, v. a., a înțĕrca un copil.

Abscess, pl. —sse, s. m., buboiu, abscess.

Abschaben, v. n., a rade, a răduì, a se înveehì; —sel, s. m., rădeĭtură.

Abschachern, v. a., a cumpĕra ceva cu preț scădut.

Abschaffen, v. a., a desființa, a anula, a da drumul cuiva.

Abschälen, v. a., a curățì, a despoia de coaje.

Abschärfen, v. a., a ascuțì, a tăiè colțurile.

Abscharren, v. a., a rade (aluatul).

Abschätzen, v. a., a prețuì, a hotărì prețul unui lucru; —ung, pl. —en, s. f., prețuire, estimațiune; —er, s. m., prețuitor, tacsator.

Abschaufeln, v. a., a curățì cu lopata, a rinì.

Ab-schaum, s. m., spumă, necurăție, lăpĕdătură; — der Menschheit, lăpĕdătură de om; —schäumen, v. a., a lua spuma.

Abscheeren, v. a., a tunde.

Abscheiden, v. n. ir., a despărțì, a lămurì; —, v. a. ir., a murì, a trece din vieață; abgeschieden leben, a viețuì retras; die Abgeschiedenen, reposații; —ung, s. f., împărțire, despărțire.

Abscheu, s. m., urîciune, greață, aversiune; — vor Etwas haben, a avè greață de ceva, aversiune cătră ceva.

Abscheuern, v. a., a freca, a spěla vasele, podinile.

Abscheulich, adj. și adv., urît, grozav, detestabil; —keit, s. f., urîciune, grozăvie, blăstěmăție.

Abschichten, v. a., a pune în păturĭ.

Abschicken, v. a., a trimite, a espeda.

Abschieben, *v. a.*, vezi: schieben.

Abschied, *s. m.*, dioa bună, remas bun, concediu, dimisiune; Jemandem den — geben, a dimisiona pre cineva; von Jemandem — nehmen, a dice cuiva rěmas bun, a 'şi lua dioa bună dela cineva; von der Welt — nehmen, a se retrage de lume, a muri; —sbesuch, *s. m.*, visită de rěmas bun, de adio, —starte, *s. f.*, cartă de rěmas bun; —sschmaus, *s. m.*, banchet de rěmas bun.

Abschiefern, sich, *v. r.*, a se despătura.

Abschiessen, *v. a. ir.*, a descărca o puşcă; —, *v. n. ir.*, a curge cu repejune în jos; a 'şi perde coloarea.

Ab-schiffen, *v. n.*, e eşi din port; Waaren —, a transporta mărfuri pe apă; —schildern, *v. a.*, a descrie, a depinge, a zugrăvi; —schilderung, *s. f.*, descriere vie: —schinden, *v. a. şi n. ir.*, a beli, a despoia de pele; —schirren, *v. a.*, a deshăma.

Abschlachten, *v. a.*, a junghia, a măcelări o vită.

Abschlag, *pl.* —schläge, *s. m.*, scădere, împuţinare, scăděměnt; auf —, pentru plată în rate; in — kommen, a se eftini; —szahlung, *s. f.*, rată; —en, *v. a. ir.*, a bate, a tăiè, a scoate; den Kopf —, a tăiè capul; das Wasser —, a se pişa; einen Angriff —, a respinge un asalt; eine Bitte —, a refusa o rugaminte; die Kuh schlägt ab, vaca dă mai puţin lapte.

Abschlägig, *adj.*, negativ; —ige, Antwort, refus, respuns negativ; —sich, *adj.*, plătit în rate.

Abschlämmen, *v. a.*, a desnoroi, a curăţi de noroiu.

Abschleifen, *v. a. ir.*, a ascuţi, a curăţi de rugină.

Abschleimen, *v. a.*, a curăţi, a spăla de bale.

Abschlenkern, *v. a.*, a arunca.

Ab-schleppen, *v. a.*, a duce pe ascuns; —schleudern, *v. a.*, a asvěrli, a arunca.

Abschliessen, *v. a. ir.*, a închide, a încheiè; einen Vertrag —, a încheiè un contract, a face o învoire.

Ab-schlüpfen, *v. a.*, a fugi pe furiş, a se furişa; —schlürfen, *v. a.*, a sorbi.

Abschluss, *pl.* —schlüsse, *s. m.*, încheere, lucuidaţiune; Rechnungs—, bilanţ.

Ab-schmalzen, *v. a.*, a pune grăsime pe bucate; —schmarotzen, *v. a.*, a trăi ca parasit; —schmausen, *v. a.*, a 'şi mânca starea prin mâncări şi beuturi.

Abschmeicheln, *v. a.*, a căpěta ceva prin linguşire, prin momele.

Ab-schmeissen, *v. a.*, a arunca jos; —schmelzen, *v. a. ir.*, a topi unt, a curăţi prin topire, a se topi.

Abschmieren, *v. a.*, a mâsgăli; den Wagen —, a unge carul bine; —er, *s. m.*, mâsgălitor.

Abschmutzen, *v. n.*, a mâsgăli.

Abschnallen--Abschwemmen 19

Ab-schnallen, r. a., a descătărăma;
—**schnappen,** r. n., a trăcsări;
—**schnäuzen,** r. n., vedi: **Ab-putzen.**

Abschneiden, r. a., a tăiè, a reteza, a amputa; ein Huhn —, a tăiè grumazii la o găină: Jemandem den Weg —, a 'i inchide cuiva drumul; Jemandem alle Hoffnung —, a lua cuiva deodată toată speranţa; den Lebensfaden —, a tăiè firul dilelor.

Abschnellen, r. a., a răpedi o săgeată.

Abschnitt, pl. —e, s. m., tăietură, segment, secţiune, despărţitură.

Abschnitzel, s. m., aschii, bucăţele mărunte; —n, r. a., a tăiè in bucăţi mărunte, a scobi.

Abschnüren, r. a., a deslega, a desface. a desnoda; —ung, s. f., sugrumătură.

Abschöpfen, v. a., a lua de pe deasupra grasul, smântâna.

Abschrägen, r. a., a tăiè curmediş.

Abschrauben, r. a., a desface şurubul, a deşuruba.

Abschrecken, r. a., a infricoşa, a spăria, a intimida; —ung, r. a., intimidare, descuragiare.

Abschreibegebühr, pl. —en, s. f., tacsă pentru decopiat.

Abschreib-en, r. a., a descrie, a copia; a şterge din socoteală; —, s. n., transcripţiune; —er, s. m., copist, copiător.

Abschreien, sich, v. r., a răguşi strigând.

Abschreiten, r. a. ir., a măsura cu pasul; von seinem Vorhaben —, a se depărta dela propusul seu

Abschrift, pl. —en, s. f., copie; — einer Urkunde, apograf; eine — nehmen, a scoate o copie; —lich, adj. şi adv., in copie, in scris.

Abschröpfen, r. a., den Weizen, a tăiè vêrfurile grâului.

Abschroten, r. a., a descărca o bute; Getreide —, a măcina mare bucatele.

Abschuppen, v. a., a curăţi de solzi, a desolzi.

Abschürfen, r. a., a rădui, a curăţi.

Abschuß, pl. —schüsse, s. m., răpediş, cipiş; — des Wassers, cădêtura, scurgerea apei.

Abschüssig, adj. şi adv., prăpăstios, cu poverniş.

Abschütteln, r. a., a scutura; das Joch —, a scutura jugul, a se elibera de sclăvie.

Ab-schütten, r. a., a goli; —schützen, r. a., a stăvili apa, a lua apa.

Abschwächen, r. a., vedi: **Entkräften.**

Ab-schwärmen, r. n., a inceta de a roi; —schwärzen, r. a., a innegri.

Abschwatzen, r. a., Jemandem Etwas, a scoate ceva cu vorbe dulci.

Abschwefeln, r. a., a curăţi de pucioasă.

Abschweif-en, r. a., a tăiè strêmb cu ferestreul; —, r. n., a se abate dela object; —ung, pl. —en, s. f., abatere, digresiune.

Ab-schwemmen, r. a., a spăla; Holz —, a duce lemne pe apă; —schwimmen, r. n., a pleca innot.

2*

Ab=ſchwinden, v. n., a slăbì din di în di; —ſchwingen, v. a., a scutura ceva de pulbere; den Flachs —, a posdărì cânepa; ſich vom Pferde —, a se da iute jos de pe cal.

Abſchwören, v. a. ir., a jura, a pune jurămênt, a abjura; die Religion —, a se lăpeda de religiune; eine Schuld —, a denega o datorie prin jurămênt.

Abſegeln, v. n., a pornì cu naea, a se depărta dela țĕrmure.

Abſehbar, adj., ce se poate cuprinde cu vederea.

Abſehen, v. a., a vedè, a mĕsura cu ochii; von Jemandem Etwas —, a învĕța dela cineva ceva din vĕdute; a pricepe, a cuprinde; —, s. n., intențiune, scop: worauf geht Ihr —? la ce țintesci, ce'ți este intențiunea?

Abſeifen, v. a., a desăpunì.

Abſeigern, v. a., a mĕsura afundimea unei mine; a despărțì argintul de aramă.

Abſeihen, v. a., a străcura, a filtra; —, s. n., filtrare.

Ab=ſeite, s. f., partea din dos a unui edificiu; —ſeits, adv., la o parte, delături.

Abſend=en, v. a., a trimite, a espeda, a delega; einen Boten —, a trimite un curier; Waaren —, a espeda mărfuri; einen Brief an Jemanden —, a adresa cuiva o epistolă; —er s. m., trimițător, speditor; —ung, pl. —en, s. f., trimitere, spedițiune.

Abſengen, v. a., a pârlì, a pârjolì.

Abſenk=en, v. a., a butăṣì; —er, s. m., butaṣ.

Abſentiren, ſich, v. r., a se absenta.

Abſetzbar, adj., amovibil.

Abſetz=en, v. a., a depune, a pune jos; vom Amte —, a depune din oficiu, a destituì, a degrada; ein Glas austrinken ohne abzuſetzen, a golì un păhar dintr'o dată; die Waaren —, a vinde marfa; ein Kalb —, a înțĕrca un vițel; im Reden und Singen —, a face o pausă în vorbire, în cântare; eine Seite —, (tip.), a compune o pagină (la cărți); —er, s. m., vênḑĕtor, depositor; culegĕtor de litere; —ung, pl. —en, s. f., depunere, lăpĕdare, vênḑare; pausă, compunere.

Abſicheln, v. a., a tăiè cu secerea, a secera.

Abſicht, pl. —en, s. f., scop, intențiune, privință; — haben auf Etwas, a 'și pune ochii pe ceva; in —, cu privire la, cât pentru; ſeine — erreichen, a 'și ajunge scopul; —lich, adj. și adv., într'adins, anumit, în scop; —los, adj., fără intențiune.

Abſieben, v. a., a cerne.

Abſieden, v. a., a ferbe.

Abſingen, v. a. ir., a cânta cu voce înaltă.

Abſitzen, v. a. ir., vom Pferde —, a se da jos de pe cal; eine Schuld —, a sta închis în prinsoare pentru o datorie.

Abſolut, adj., deţĕrmurit, absolut; —ion, s. f., absoluțiune, iertarea pĕcatelor, deslegare de pĕcate;

—ismuă, s. m., absolutism;
—ist, s. m., absolutist; —orīum,
s. n., absolutoriu.
Absolviren, v. a., a deslega, a
ierta, a absolva; seine Studien
—, a absolva studiile.
Absonderlich, adj., deosebit, sin-
guratec, particular, curios în
feliul seu; —, adv., în parti-
cular.
Absondern, v. a., a deosebi, a
desparţi, a separa; in Gedanken
—, a abstrage; —nd, adj., se-
parând, secretor, secretând;
—ung, pl. —en, s. f., deosebire,
despărtire, separaţiune; —,
(bot.), secreţiune; —ungsorgane,
organele secreţiunei.
Absorbiren, v. a., a absoarbe.
Abspalten, v. a., a crepa, a separa.
Abspänen, v. a., a înţerca.
Abspannen, v. a., a deshăma, a
desprinde; a slabi ce e întins;
der Geist ist abgespannt, spiritul
s'a ostănit prin prea multă în-
cordare; —ung, pl. —en, s. f.,
deshămare, desprindere, slăbire.
Abspänstig, adj., înstrăinat, alian;
— machen, v. a., a înstrăina,
a despărţi; — werden, a se
lăpăda de ceva.
Absparen, v. a., a cruţa, a detrage
prin cruţare dela gură.
Abspeisen, v. a., a da de mâncare,
a alimenta; Jemanden mit Wor-
ten —, a purta pre cineva cu
vorbe goale.
Absperren, v. a., a închide, a
încuiè, a tăiè drumul.
Abspiegeln, sich, v. r., a se oglinda.

Abspielen, v. a., a dice o cântare,
a scădè prin joc (o datorie).
Ab-spindeln, v. a., a depăna;
—spinnen, v. a. ir., a toarce;
eine Schuld —spinnen, a se
achita de o datorie prin tors.
Abspitzen, v. a., a tăiè vêrful.
Absplittern, v. a., a ţăndări.
Absprache, s. f., vedi: Abrede.
Absprech-en, v. a. ir., a denega,
a nu primi, a contesta; das
Leben —, a condemna la moarte;
Jemandem sein Recht —, a con-
testa dreptul cuiva; —erisch,
adj., om botărît, batjocuritor.
Abspreitzen, v. a., a propti.
Absprengen, v. a. ir., a crepa, a
sparge.
Abspringen, v. n. ir., a sări de
sus în jos, a se rupe, a se crepa;
die Saite ist abgesprungen, coarda
s'a rupt; seitwärts —, a sări
la o parte.
Abspritzen, v. n., a stropi; die
Feber —, a scutura peana de
negreală.
Ab-sprossen, v. n., vedi: Ab-
stammen; —sprößling, pl. —e,
s. m., vedi: Ablömmling.
Absprung, pl. —sprünge, s. m.,
săritură, contrast; —swinkel,
unghiu de reflecsiune.
Abspul-en, v. a., a depăna; —er,
s. m., depănător.
Abspül-en, v. a., a clătări, a
spăla; —icht, s. m., lături.
Abstamm-en, v. n., a 'și trage ori-
ginea, a descinde, a se deriva;
—ung, pl. —en, s. f., descen-
denţă, derivaţiune, origine.

Abstămmen, *v. a.*, a tăiè trunchiul unui arbore.

Abstampfen, *v. a.*, a călca cu picioarele.

Abstand, *pl.* —ſtände, *s. m.*, depărtare, distanţă; diferenţă, contrast.

Abstănd-er, *s. m.*, arbore uscat; —ig, *adj.*, lemn mort, uscat.

Abstatt-en, *v. a.*, a da, a face, a plăti; einen Beſuch —, a face o visită; Dank —, a mulţămi; einen Gruß —, a aduce inchinăciuni, a saluta din partea cuiva; —ung, *s.f.*, visită; plătire

Abstăub-en, *v. a.*, a scutura, a şterge de praf; —er, *s. m.*, perie pentru curăţit de praf.

Abstech-en, *v. a. ir.*, a junghiè; Heu, Stroh —, a descărca fên, paie cu furca; einen Platz —, a demarca un loc; einen Fluß —, a abate un rîu; einen Kanal —, a deschide un canal; den Wein —, a trage vinul într'alt vas; roth und weiß stechen von einander ab, roşu şi alb diferesc foarte deolaltă, contrastează; die Farbe eines Kleides sticht ab, haina îşi perde faţa; —er, *s. m.*, o mică escursiune.

Absteck-en, *v. a.*, a semna cu pari; —pfahl, *pl.* —pfähle, *s. m.*, par, ţăruş.

Abstehen, *v. n. ir.*, a fi in depărtare de ceva; a renuncia; a se treci, a se strica; der Tisch steht weit von der Wand ab, masa stă departe de părete; vom Bauen —, a înceta dela zidit; von seinem Vorhaben —, a se lăsa de propusul seu; von seinen Rechten —, a renuncia la dreptul seu; der Wein, der Essig ist abgestanden, vinul, oţetul s'a stricat, tredjit.

Abstehlen, *v. a. ir.*, a fura, a învăţa ceva pe furiş dela altul.

Absteig-en, *v. n. ir.*, a se pogori, a descinde, a se cobori, a se da jos; vom Pferde —, a descăleca; bei Jemandem —, a conăci la cineva; — quartier, *s. n.*, conac, cuartir.

Abstell-en, *v. a.*, a delătura, a reforma, a corecta, a şterge; a pune jos pe pămênt; a se uşura de o sarcină; Mißbräuche —, a delătura abusurile; —ung, *pl.* —en, *s. f.*, delăturare, abrogaţiune.

Abstempeln, *v. a.*, a pune timbru pe act.

Absteppen, *v. a.*, a chindisì, a coase cu găurele, a tivì.

Absterben, *v. n. ir.*, a murì, a reposa, a se stînge; sein Geschlecht ist ausgestorben, i s'a stins viţa; der Baum stirbt ab, pomul se uscă; —, *s. n.*, moarte.

Absteuern, *v. a.*, a abate naca dela uscat.

Abstich, *pl.* —e, *s. m.*, copie de pe un model; contrast, diferenţă.

Abstimm-en, *v. a.*, a vota; durch Sitzenbleiben und Aufstehen —, a vota prin sculare şi şedere; —ung, *pl.* —en, *s.f.*, vot, votare.

Abstinenz, *s. f.*, di de post.

Abstoppeln, *v. a.*, a poghircì grâu, a spicuì; —, *s. n.*, poghircire.

Abstoß-en, *v. a. ir.*, a depărta, a împinge, a respinge, a întěrca;

die Eden —, a tăiè colțurile; die Bienen —, a omorì albinele pentru a lua mierea; die Milchzähne —, a schimba dinții (la vițeĭ); sich die Hörner —, a se da cu capul de prag; sich —, v. r., a se toci; —ung, pl. —en, s. f., depărtare, respingere, tocire.

Abstrafen, v. a., a pedepsì, a'i da cuiva pedeapsa meritată; —ung, pl., —en, s. f., pedepsire.

Abstrahiren, v. a., a abstrage: —, v. n., von Etwas, a renuncia la ceva; —strait, adj., abstract.

Abstrahlen, v. n., a se resfrânge radele.

Abstreichen, v. a. ir., a rade, a măsura vârfuit.

Abstreifen, v. a., a jupuì de pele, a desfoiè; —, v. n., vom Wege —, a se depărta dela drum.

Abstreiten, v. a. ir., a nu cunosce, a denega, a contesta.

Abstricken, v. a., a isprăvì cu împletitul de ciorapi, a se plătì de o datorie prin facere de ciorapi.

Abstriegeln, v. a., a țesela.

Abströmen, v. a., Holz —, a plutì, a mêna lemne pe apă înjos; —, v. n., a curge repede.

Abstückeln, v. a., a despărțì in bucăți măruntе.

Abstufen, v. a., a tăiè in formă de trepte, a grada; —ung, pl. —en, s. f., gradațiune.

Abstumpfen, v. a., a têmpì, a tocì tăișul.

Absturz, pl. —stürze, s. f., surpătură, povêrniș; —stürzen, v. a., a repedì in jos, a precipita; —, v. n., a surpa.

Abstutzen, v. a., a tunde, a reteza.

Absuchen, v. a., a aduna căutând; Flöhe —, a cauta pureci, a pureca; Raupen —, a curăți omidele.

Absud, pl. —sude, s. m., decoct.

Absurd, adj., necălit, absurd, fad; —ität, s. f., neghiobie, absurditate, secătură.

Abt, pl. Aebte, s. m., egumen, abate, starețî.

Abtafeln, v. a., vedĭ: Abspeisen.

Abtäfeln, v. a., vedĭ: Täfeln.

Abtakeln, v. a., a lua jos pânzele năiei.

Abtanzen, v. a., a isprăvi un joc.

Abtauschen, v. a., a schimba, a primì prin schimb.

Abtei, s. f., egumenie, abație.

Abteufen, v. a., a săpa.

Abthauen, v. r., a desghiăța.

Abtheilen, v. a., împărți, a desface în părți, a despărțì; die Haare —, a'șì face cărare (prin pêr); in Klassen —, a împărțì în classe; —ung, pl. —en, s. f., despărțêmênt, secțiune; —ungszeichen, s. m. semnul despărțirei.

Abthun, v. a., a pune la o parte, a da, a lua jos; einen Streit, eine Rechnung —, a împăca o ceartă, a încheiè un compt; eine Henne —, a tăiè, a ucide o găină; einen Menschen —, a omorì un om; abgethan! isprăvit!

Abtiefen, v. a.; a săpa în adênc.

Aebtissin, pl. —en, s. f., stariță.

Abtoben, v. n., vedĭ: Austoben.

Abtödten, *v. a.,* a omorî, a mortifica; —ung, *s. f.,* mortificare.

Ab-trag, *pl.* —träge, *s. m.* plătirea unei rate, achitare; desdaunare; — thun, a face cuiva pagubă; —tragen, *v. a. ir.,* a dărima pe încet o zidire... a lua bucatele de pe masă, a ridica masa; ein Kleid —, a ponosì, a învechì o haină; eine Schuld —, a plătì o datorie, a se achita de o datorie; —tragung, *s. f.,* dărîmare; plătire, achitare.

Abträufeln, *v. n.,* vedi: Abtriefen.

Abtreibemittel, *s. n.,* medicamente abortive.

Abtreib-en, *v. a. ir.,* a mâna, a gonì, a respinge, a alunga; die Leibesfrucht —, a aborta; ein Pferd —, a obosì calul prin prea mare încordare; die Würmer —, a stârpì limbricii; —ung, *s. f.* mânare, alungare; abortare.

Abtrenn-en, *v. a.,* a descoase, a desface, a desprenna; —lich, *adj.,* separabil; —ung, *pl.,* —en, *s. f.,* desfacere, descoasere, desmembrare.

Abtret-en, *v. a. ir.,* a lăsa ceva altuia, a ceda; den Schuh —, a scâlcia călţunul; den Thon —, a călca bine pămentul de lipit; Jemandem sein Haus —, a ceda cuiva casa sa; —, *v. n. ir.,* a se retrage; von der Bühne —, a se retrage de pe scenă; bei Jemand —, a descăleca la cineva pe scurt timp; von Jemandem —, a părăsì partida cuiva; —er, *s. m.,* care'şi dă dreptul seu altuia, cesionar; —ung, *pl.* —en,

s. f., retragere, resignaţiune, cessiune.

Abtrieb, *pl.* —e, *s. m.,* tăietură (în pădure).

Abtriefen, *v. n.,* a picături.

Abtrift, *pl.* —en, *s. f.,* dreptul de păşunat.

Abtrinken, *v. a.,* a bè ce e de asupra; a se face plătit prin beutură.

Abtritt, *pl.* —e, *s. m.,* retragere, cessiune; ămblătoare, eşitoare.

Abtrock-nen, *v. a.,* a usca, a şterge; —, *v. n.,* a se uscà, a se sbicì; —ung, *s. f.,* uscare, sbicire.

Abtröpfeln, *v. n.,* vedi: Abtriefen.

Abtrotzen, *v. a.,* a stoarce ceva dela cineva prin ameninţări.

Abtrumpfen, *v. a.,* a 'i înfunda cuiva gura.

Abtrünnig, *adj.* şi *adv.,* necredincios, renegat, apostat; Jemanden — machen, a înstrăina pre cineva dela ceva; — werden, a se lăpeda de credinţa sa, a se face necredincios partidei; der —e, *s. m.,* renegat, apostat; —keit, *s. f.,* apostasie.

Abtummeln, *v. a.,* a alerga un cal; sich —, *v. r.,* a se grăbì cu lucru.

Abtupfen, *v. a.,* a usca o umedeală cu scamă.

Abundanz, *s. f.,* îmbelşugare, abundanţă.

Aburtheilen, *v. a.,* a dejudeca, a decide, a lua cuiva ceva prin sentenţă judecătorească.

Abverdienen, *v. a.,* a'şi câştiga prin muncă.

Abverlangen, *v. a.,* vedi: Abfordern.

Abvieren, *r. a.*, a reduce la forma pătrată.

Abwäg-en, *r. a. ir.*, a cumpěnì, a cântări; a nivela; —ung, *pl.* —en, *s. f.*, cântărire, cumpěnire; nivelare.

Abwalken, *r. a.*, a bate bine în piuă; a'l freca pre cineva bine.

Abwalzen, *r. a.*, a netedì cu sulul, cu tăvăligul.

Abwälzen, *r. a.*, a prăvălì, a rostogolì: Etwas von sich —, a respinge ceva dela sine.

Ab-wandelbar, *adj.* conjugabil; —wandeln, *r. a.*, a conjuga; —wandlung, *pl.* —en, *s. f.*, conjugațiune.

Abwart-en, *r. a.*, a aștepta sfîrșitul unui lucru; —ung, *pl.* —en, *s. f.*, așteptare, îngrijire.

Abwärts, *adv.* înjos; coborînd.

Abwasch-en, *r. a. ir.*, a spăla, a curăți prin spălare; — ung, *pl.* —en, *s. f.*, spălare, curățire, purificare.

Abweben, *r. a.*, a termina țesătura.

Abwechsel-n, *r. a. și n.*, a schimba, a alterna: —nd, *adv.*, pe schimbate, alternativ, periodic; —ung, *pl.* —en, *s. f.*, schimbare, varietate, alternare.

Abweg, *pl.* —e, *s. m.*, cale, drum lateral, cotitură, rătăcire, abatere; auf —e gerathen, a se abate din drumul cel bun, a se rătăci; auf —e führen, a duce în rătăcire, a seduce; —s, *adv.*, la o parte, pe de lături; —sam, *adj.*, depărtat, isolat.

Abwehr, *s. f.*, resistență; —en, *r. a.*, a apěra, a respinge, a oprì, a împedeca.

Abweich-en, *r. a.*, a muiè; —, *r. n.*, a se depărta din drum; von der Sitte der Vorfahren —, a se abate dela obiceiurile străbune; —end, *adj.*, divergent, anomal; —ung, *pl.* —en, *s. f.*, abatere, divergență, aberațiune; — von der Regel, escepțiune dela regulă.

Abweiden, *r. a.*, a pășuna.

Abweifen, *v. a.*, a depăna tortul.

Abweinen, sich, *r. r.*, a se consuma plângênd.

Abweis-en, *r. a. ir.*, a respinge, a refusa; Jemanden kurz —, a scoate pre cineva afară; eine Klage —, a respinge cererea cuiva; —ung, *pl.* —en, *s. f.*, depărtare, refus.

Abweißen, *v. a.*, a spoì.

Abwelken, *v. a.*, a sbicì; —, *r. n.*, a se vestedì.

Abwendbar, *adj.* evitabil.

Abwend-en, *r. a. r. și ir.*, a depărta, a întoarce în altă parte; die Augen — von Etwas, a întoarce ochii în altă parte; ein Unglück —, a depărta, a prevenì o nenorocire; sich —, *r. r.*, a se instrăina de cineva, a se întoarce în altă parte; —wendig, *adv.*, instrăinat; —wendigmachen, a desmênta, a instrăina; von Jemandem —wendig werden, a se instrăina de cătră cineva; —ung, *pl.* —en, *s. f.*, apěrare, depărtare, instrăinare.

Abwerfen, *r. a. ir.*, a arunca jos: das Pferd hat den Reiter abgeworfen, calul a lăpědat pre călăreț; das Joch —, a scutura jugul; b.n Halfter —, a'si scoate căpestrul din cap; Nuțen —, a aduce folos, câștig; Junge —, a făta.

Abwesen-d, *adj.*, absent; —heit, *s. f.*, absență, neființă de față.

Abwetten, *v. a.*, Jemandem Etwas —, a câștiga ceva prin rămășag.

Abweten, *v. a.*, a ascuți, a subție; —, *v. n.*, a se toci.

Abwichsen, *v. a.*, a cerui; vedi: Abprügeln.

Abwickeln, *v. a.*, a depăna, a desvěli.

Abwiegen, vedi: Abwägen.

Abwinde, *s. f.* reschitor, vertelniță, sucală; —n, *v. a.*, vedi: Abwickeln.

Abwirfen, *v. a.*, a termina țesětura.

Abwisch-en, *v. a.*, a șterge sudoarea de pe față; —er, *s. m.*, treanță de șters.

Abwuchern, *v. a.*, a dobêndi prin usură.

Abwürdig-en, *v. c.*, a desprețui, a injosi; —ung, *s. f.*, injosire, micșorare.

Abwürgen, *v. a.*, a sugruma, a sugușa.

Abwürzen, *v. a.*, a direge bucatele cu aromate.

Abyssini-en, *s. n.*, (geogr.) Abisinia; —er, *s. m.*, abisinian; —crin, *s. f.*, absiniană; —sch, *adj.*, abisinic.

Abzahl-en, *v. a.*, a reful o datorie; —ung, *pl.* —en, *s. f.*, plătire, achitare.

Abzähl-en, *v. a.*, a numěra; an den Fingern —, a numěra pe degete; —ung, *s. f.*, numěrare, computare.

Abzahnen, *v. n.*, a se schimba dinții de lapte.

Abzapfen, *v. a.*, a trage vin, bere.

Abzappeln, sich, *v. r.*, a se sbuciuma, a da din mâni și din picioare.

Abzasern, *v. a.*, a desfira, a călțui.

Abzäumen, *v. a.*, a lua frêul.

Abzäunen, *v. a.*, a desgrădi, a despărți prin gard.

Abzehr-en, *v. n.* și *r.*, a slăbi pe incet, a se usca; —ung, *s. f.*, slăbire, ectică, boală uscată.

Abzeichen, *s. n.*, semn, insignii.

Abzeichn-en, *v. a.*, a decopia, a desemna; —ung, *s. f.*, desemn.

Abzerren, *v. a.*, a rupe jos.

Abzieh-en, *v. a.*, a trage, a detrage, a subtrage, a abstrage, a scoate; einem Thiere die Haut —, a beli o vită, a'i lua pelea; die Handschuhe —, a scoate mănușile; Jemandem die Larve —, a demasca pre cineva; die Hand von Einem —, a detrage cuiva ajutorul de pănă aci; den Hut vor Jemandem —, a'și lua pălăria de cineva, a saluta cu pălăriea a mână: Jemandem Etwas —, a detrage cuiva ceva dintr'o sumă cuvenită, a scăde din simbrie; Wein —, a trage vinul in alt vas, a pritoci; ein Fell —, a rade, a curăți o pele de carne; ein Messer —, a ageri, a ascuți un cuțit; sich von der Welt —, a se retrage de lume; —, *v. n.*, a se depărta, a se retrage; —ung, *pl.* —en, *s. f.*, subtragere.

Abzielen, *v. a.*, auf Etwas —, a ținti la ceva; a avè intențiune.

Abzirkeln, *v. a.*, a măsura cu compasul.

Abzug, *pl.* —züge, *s. m.*, scădere, scădemént; rabat, tara; retragere, depărtare; — des Feindes, retragerea inimicului; — des Wassers, scurgerea apei; —sbogen, *s. m.*, coală de probă din tipar; —sgraben, *s. m.*, canal pentru scurgerea apei; —srechnung, *s. f.*, comput de escompt.

Abzupfen, *v. a.*, a smulge, a destrăma.

Abzwacken, *v. a.*, a rupe cu cleștele; Jemandem Etwas —, a stoarce cu sila ceva.

Abzwecken, *v. n.*, vedi: Abzielen.

Abzwicken, *v. a.*, a rupe cu cleștele, cu unghiile.

Abzwingen, *v. a.*, a dobéndi ceva prin forță, prin silă.

Acazie, *s. f.*, (bot.), acaciu.

Academie, *s. f.*, vedi: Akademie *s. c. l.*

Accent, *pl.* —e, *s. m.*, accent, ton, pronunciațiune; —uation, *s. f.*, accentuațiune; —uiren, *v. a.*, a accentua.

Accept, *pl.* —e, *s. m.*, primirea unei polițe pentru plătire; —ant, *s. m.*, acceptant, primitorul unei polițe; —iren, *v. a.*, a primi, a accepta o poliță cu îndatorirea de a o plăti.

Accessist, *s. m.*, accessist.

Accessorisch, *adj.*, accesoriu.

Accidenzien, *s. f. pl.*, venit întémplător, accidenții.

Accis-amt, *s. n.*, oficiul de accisă; —bar, *adj.*, supus la accisă.

Accise, *s. f.*, accisă: —einnehmer, *s. m.*, perceptor de accise, de contribuțiune indirectă; —frei, *adj.*, scutit de accisă.

Accord, *s. m.*, vedi; Akkord.

Acetat, *pl.* —e, *s. n.*, (chem.) acetat.

Ach! *interj.*, oh! — und weh; oh și vai!

Achat, *pl.* —e, *s. m.*, (min.), agat.

Achel, *s. f.*, țepele dela spic.

Achillenkraut, *s. n.*, (bot.) coada șorecelului.

Achromatisch, *adj.*, achromatic.

Achse, *pl.* —n, *s. f.*, osie; auf der — führen, a transporta cu carul.

Achsel, *pl.* —n, *s. f.*, umér, subțioară; die — zucken, a da din umeri; Jemanden über die — ansehen, a desprețui pre cineva; —band, *pl.* —bänder, *s. m.*, spaletă, umérar; —bein, *s. n.*, cheiță, lingura peptului; —höhle, *s. f.*, subțioară; —stück, *s. n.*, altiță; —tuch, *s. n.*, omofor.

Achsenblech, *s. n.*, marcoașe; —ring, *s. m.*, plesnitoare.

Acht, *s. f.*, proscripțiune, isgonire; Jemanden in die — erklären, a proscrie, a esila pre cineva.

Acht, *s. f.*, luare aminte, băgare de samă la ceva; nehmt meine Worte wohl in —, luați bine aminte la cuvintele mele; auf Jemanden — geben, a veghia asupra cuiva, a nu'l perde din ochi; nimm dich in —, păzesce-te; sich vor Jemanden in — nehmen, a se păzi de cineva; gib —, ica sama, ascultă; außer — laſſen, a nu lua in samă, a ne-băga in samă; aus der — laſſen, a da uitării; Etwas wohl in — nehmen, a griji bine de ceva.

Acht, *num.*, opt; über — Tage, preste o septemână.

Acht, *adj.*, vedi: echt.

Achtbar, *adj.*, stimabil, respectabil, demn de respect; —leit, *s. f.*, stimă, consideraţiune.

Acht-beinig, *adj.*, cu opt picioare; —blätterig, cu opt foi.

Achte, *numer*, *adj.*, der, die, das, al optulea, a opta.

Achteck, *pl.* —e, *s. n.*, opt-unghiu, octogon; —ig, *adj.*, octogonal.

Achtel, *s. n.*, a opta parte din un întreg; —form, —größe, *s. f.*, octav.

Achten, *v. a.*, a stima, a preţui, a respecta, a considera; gering —, a nu băga in samă; er ist sehr geachtet, el este foarte respectat; er achtet meiner Worte nicht, el nu bagă in samă cuvintele mele.

Ächten, *v. a.*, a proscrie, a esila, a isgoni.

Achtens, *adv.*, a opta oară.

Achtenswerth, achtenswürdig, *adj.*, stimabil.

Achter, *s. m.*, optariu, monetă de opt dinari.

Ächter, *s. m.*, isgonitor.

Acht-fach, —fältig, *adj.*, optit, optuplu; —halb, şepte şi jumătate.

Achtheit, *s. f.*, vedi: Echtheit.

Acht-jährig, *adj.*, de opt ani; —fäutig, cu opt dungi.

Achtlos, *adj.*, neatent, fără grije, distras; —igkeit, *s. f.*, neluare aminte.

Acht-mal, *numer*; —malig, *adv.*, de opt ori; —männig, *adj.*, cu opt stamine, optandrie; —monatlich, de opt luni; —pfünder, *s. m.*, glonţ de tun de opt punţi; —pfündig, *adj.*, de opt punţi.

Achtsam, *adj.*, luător aminte, atent; —keit, *s. f.*, atenţiune, luare a minte.

Achtseitig, *adj.*, cu opt laturi, octogon.

Achtserklärung, *s. f.*, proscripţiune.

Acht-spännig, *adj.*, cu opt cai înhămaţi; —ständig, *adj.*, de opt oare; —silbig, *adj.*, de opt silabe; —ständlich, *adj.*, tot la opt oare; —tägig, *adj.*, de opt dile.

Achtung, *s. f.*, luare in samă, stimă, respect, considerare; in — stehen, a fi stimat, a avè vadă; aus — für ihn, din consideraţiune cătră el; auf Jemanden — geben, a purta grije de cineva; —svoll, *adj.*, respectuos, cu toată stima; —swerth, —würdig, stimabil, demn de stimă.

Acht-winklig, *adj.*, optunghiular; —wöchentlich, la opt săptămâni.

Acht-zehn, *numer.*, optspredece'; —zehnte, der, die, das, al optspredecelea, a optsprêdecea'; —zeilig, *adj.*, de opt şiruri; —zig, *numer.*, optdeci; —ziger, *s. m.*, optogenar, de optdeci de ani; —zöllig, *adj.*, de opt policari, de opt degete; —zigste, der, die, das, al optdecilea.

Ächzen, v. n., a geme; —, s. n., gemet; —d, adj., gemětor, geménd.
Acker, pl. Aecker, s. m., agru, loc de arat, ţarină; —arbeit, s. f., lucruri de câmp,; lucrarea pământului, aratul; ben — bauen, a cultiva, a ara pământul; —bar, adj., pământ, care se poate lucra; —bau, s. m., agricultură, lucrarea pământului; —bauer, s.m., agricultor, plugar; —baugeſellſchaft, s.f., societate, academie rurală; —bauhunbige, s. m., agronom; —bauwiſſenſchaft, s.f., agronomie, economie rurală; —gauchheil, s. n. (bot.), schinteiuţă roşie,věnětă; —gaul, s. m., cal de arat; —diſtel, s. f.' (bot.), pălămidă; —erde, s. f., pământ arabil; —feld, s. n., pământ arat, câmp arat; —frohne, s. f., boieresc, robotă, clacă, —furche, s. f., breazdă de plug; —galle, s. f., rovină, loc moiştos; —geräth, s. n., instrumente, utensilii de arat; —geſetz, s. n., lege agrară; —ſlee,s.m.(bot.), trifoiu de câmp; —knoblauch, s. m. (bot.), aiu de câmp, aiul lupului: —kohl, s. m. (bot.), ridichioară; —kraut, s. n. (bot.), fierea pământului, earbă de curcă; —land, vedi: —feld, —lattich, s. m. (bot.), lăptucă sălbatică; —lohn, s. m., preţ pentru arătură, pentru arat; —mann, vedi: —bauer; —männchen, s. n., vedi: Bachſtelze; —maſs, s. n., mǎsurare de pământ; —minze, s. f. (bot.), ismă de câmp.

Ackern, v. a., a ara; —, s. n., arătură, aratul pământului.
Acker-neſſel, s. f. (bot.), urdică de câmp, urdică moartă; —pferd, s. n., cal de arat; —pflug, s. m., plug, aratru; —röſel, s. n. (bot.), cocoşei; —ſenf, s. m. (bot.), muştar de câmp; —ſteuer, s. f., dajde pentru locuri de arătură; —vieh s. n., vite de muncă; —viole, s. f. (bot.), barba împăratului; —vogt, s. m., epistat peste clăcaşi şi lucrători de câmp; —walze, s. f., cilindru, sul de oblit pământul; —winde, s.f. (bot.), volbură mică; —zins, s. m., cens rural, arěndă de pământ; —zwiebel, s. m. (bot.), ceapa cioarei.
Act, vedi: Alt ş. c. l.
Adam, s. m., Adam; ber alte —, omul cel vechiu, pěcătul strămoşesc; —sapfel, s. m., nodul pe gâtlan; specie de citroană.
Addiren, v. a., a aduna, a suma.
Addition, s. f., adunare, adiţiune.
Adel, s. m., nobilime, nobleţă, boierime; er iſt von —, el e nobil; —herrſchaft, s. f., aristocraţie; —ig, adj., nobil, nobilitar; von —iger Geburt, nobil de origine; —ige, s. m., nobil, boier; —n, v. a., a inobili, o nobilta; —sbrief, s. m., diplomă nobilitară; —ſtand, s. m., nobilime; in ben —ſtand erheben, a nobilita; —ſtolz, s. m., mândrie, fudulie aristocratică.
Adept, s. m., adept.
Ader, pl. —n, s. f., věnă; golbene —, hemoroide, trênji;

—binbe, *s. f.*, fășioară de a lega vèna; —bruch, *s. m.*, surpătură; jur — lassen, a lăsa sânge; —chen, *s. n.*, vênuță; —förmig, *adj.*, in forma vênelor; —ig, *adj.*, vênos, cu vine; —laß, *s. m.*, luare de sânge; —laßeisen, *s. n.*, lancetă.

Abhäriren, *v. a.*, a adhera; —häsion, *s. f.*, (fis.), adhesiune.

Abjektiv, *pl.* - e, *s. n.*, adjectiv.

Abjudiciren, *v. a.*, a adjudeca.

Abjunkt, *pl.* —e, *s. m.*, adjunct, ajutor la un oficiu.

Abjutant, *pl.* —en, *s. m.*, adjutant.

Abler, *s. m.*, vultur, aceră, acuilă, pajură; —auge, *s. n.*, ochiu de vultur, ager, petrundětor; —nase, *s. f.*, nas vulturiŭ, coroiat, acuilin; —nest, *s. n.*, cuib de vultur; —orben, *s. m.*, ordinul vulturului; —schwinge, *s. f.*, aripa vulturului; Reichs—, *s. m.*, acuila imperială.

Administration, *s. f.*, administrațiune.

Administrativ, *adj.*, administrativ.

Administrator, *s. m.*, administrator, cârmuitor.

Administriren, *v. a.*, a cârmui, a administra.

Admiral, *pl.* —räle, *s. m.*, admiral, comandantul suprem al unei flote; —ität, *s. f.*, admiralitate, senat de marină; —sflagge, *s. f.*, bandiera admiralului.

Admoniren, *v. a.*, vedĭ; Ermahnen.

Adonisblume, *pl.* —en, *s. f.*, (bot.), earba cocoșului, cocoșei de câmp.

Adoption, *pl.* —en, *s. f.*, adopțiune.

Adoptiren, *v. a.*, a adopta, a priimi ca fiiu de suflet.

Adoptiv, *adj.*, adoptiv.

Adressant, *pl.* —en, *s. m.*, destinător, adresant.

Adressat, *pl.* —en, *s. m.*, adresat.

Adreßbuch, *pl.* —bücher, *s. n.*, almanach de adrese.

Adresse, *pl.* —n, *s. f.*, adresă.

Adressiren, *v. a.*, a adresa.

Adriatisch, *adj.* (geogr.), adriatic; —es Meer, marea adriatică.

Advent, *s. m.*, advent, postul crăciunului.

Adverbium, *pl.* —ien, *s. n.*, adverbiu.

Advokat, *pl.* —en, *s. m.*, advocat, procurator; —enkniff, *s. m.*, șiretlic de advocat; —engebühr, *s. f.*, onorariul unui advocat; —ur, *s. f.*, advocatură, procuratură.

Advociren, *v. n.*, a advocători, a suplini pre alții la judecată.

Aebtissin, *s. f.*, stareță.

Aero-dynamik, *s. f.*, (fis.), aerodinamică; —lith, *s. m.* (miner.), aerolit; —meter, *s. m.* (fis.), aerometru; —naut, *s. m.*, aeronaut; —nautik, *s. f.*, aeronautică; —stat, *s. m.*, aerostat, balon.

Äffchen, *s. n.*, măimuțioară.

Affe, *pl.* —n, (zool.), maimuță, momiță, simie.

Affekt, *pl.* —e, *s. m.*, afecțiune, căldură, pasiune; er spricht mit vielem —, vorbesce cu multă căldură.

Affettation, *pl.* —en, *s. f.*, afectațiune, prefăcětură.
Affettiren, *r. a.*, a afecta, a se preface.
Affe, *r. a.*, a maimuța.
Affen-art, *pl.* —en, *s. f.*, specie de măimuțe; —artig, *adj.*, asemenea măimuțelor, măimuțesc; —geficht, *pl.* —er, *s. n.*, față de maimuță; —liebe, *s. f.*, iubire oarbă, necumpětată; —nase, *pl.* —en, *s. f.*, nas turtit, cârn.
Afferei, *pl.* —en, *s. f.*, măimuțărie.
Afficiren, *r. a.*, a mișca, a atinge la inimă.
Affinität, *s. f.*, rudenie, afinitate.
Affisch, *adj.*, vedi: Affenartig.
Afghanen, *s. m. pl.*, afgani, (popor asiatic.)
Afholder, *s. m.* (bot.), dârmoz.
Afrika, *r. n.*, (geogr.), Africa; —ner, *s. m.*, african; —nerin, *s. f.*, africană; —nisch, *adj.*, african.
After, *s. m.*, ședut, cur, anus; —anwalt, *s. m.*, advocat substitut, șarlatan; —arzt, *s. m.*, medicastru, medic cârpaciu; —darm, *s. m.*, mațul curului; —erbe, *s. m.*, moștenitor substitut; —geburt, *s. f.*, casa copilului; —getreide, *s. n.*, codine; —glaube, *s. m.*, credință falsă, deșeartă, superstițiune; —holz, *s. n.*, lemne uscate; —klaue, *s. f.*, pintenul cânelui; —leder, *s. n.*, petec de pele, pelea dela călcâiul pantofului; —mehl, *s. n.*, făină ordinară din a doua măcinătură; —pacht, *s. f.*, subarendă; —păchter, *s. m.*, subarendator; —prophet, *s.* m.,
profet mincinos; —rede, *s. f.*, defaimă, calumnie, vorbire de rěu; —spinne, *s. f.*, (zool.) cosaciu, specie de păiangin; —stück, *s. n.*, oblâncul dinapoi; —vermiethung, *s. f.*, subinchiriere.
Agape, *pl.* —en, vedi; Liebesmahl.
Agat, *s. m.*, (miner.), vedi: Achat.
Agende, *s. f.*, agendă; carte cuprindětoare de ritualul preotesc.
Agent, *s. m.*, agent, procuror; —schaft, —ur, *s. f.*, agenție, agentură.
Agglomerat, *pl.* —e, *s. n.*, (miner.) aglomerat.
Agglomeriren, *r. a.*, a aglomera, a grămădi.
Aggregat, *pl.* —e, *s. n.*, agregat.
Agide, *s. f.*, egidă, scut.
Agio, *s. n.*, agiu, care sě dă la schimbarea banilor.
Agiotiren, *r. n.*, a pune agiu.
Agiren, *r. a.*, vedi: Handeln.
Agitation, *pl.* —en, *s. f.*, turburare, mișcare, agitațiune.
Agitator, *pl.* —en, *s. m.*, turburător de liniscea publică, agitator.
Aglarfraut, *s. n.* (bot.), sudoarea calului.
Agnat, *pl.* —en, *r. m.*, agnat.
Agraffe, *pl.* —n, *s. f.*, cătăramă, copcie.
Agricultur, *s. f.*, agricultură; —chemie, *s. f.*, chimia agricolă.
Agrimonie, *s. f.*, (bot.) turiță mare.
Agronom, *pl.* —en, *s. m.*, agronom; —ie, *s. f.*, agronomie, teoria de lucrarea pămentului; —isch, *adj.*, agronomic.

Agtſtein, Aht

Agtſtein, s. m., (miner.), vedi: Bernſtein.
Agäiſch, adj., egeic; —es Meer, (geogr.), marea egeică.
Ägypten, s. n. (geogr.) Egipt.
Ägyptier, s. m., egiptean; —in, s. f., egipteană.
Ägyptiſch, adj., egiptean, egiptenesc.
Ah! interj., ah! o!
Ahlbaum, s. m., (bot.), cireș sălbatic, mălin.
Ahle, pl. —n, s. f., sulă; —nförmig, adj., ca sula.
Ahlkirſche, s. f., vedi: Ahlbaum.
Ahn, pl. —en, s. m., străbun, strămoș; —frau, s. f., străbună, strămoașă.
Ahnd=en, v. a., a înfrunta, a răsbuna; —ung, pl. —en, s. f., înfruntare, pedepsire.
Ähneln, v. n., a avé asemănare cu cineva.
Ahnen, v. n. și impers., a presimți; a cobì; ce ahnet mir, inima 'mi spune.
Ahnen, s. m. pl., străbunii; —probe, s. f., probă de nobilitate; —tafel, s. f., carte genealogică.
Ähulich, adj. și adv., asemenea; in einem — en Falle, in asemenea cas; er iſt ſeinem Vater ſehr —, el seamănă foarte cu tatăl seu; —keit, s. f., asemănare; —keitsverhältniß, s. n., analogie.
Ahnung, pl. —en, s. f., presimțire, cobire; —sloš, adj., fără a avé presimțire, fără a'și da sama.

Ahorn, s. m., (bot.), arțar; —artig, adj., ca arțarul; —baum, pl. - bäume, s. m., (bot.), arțar, paltin.
Ähre, pl. —en, s. f., spic; —nbund, s. m., snop, cunună de spice; —nleſe, s. f., spicuire; —n leſen, a spicuì; —nleſer, s. m., spicuitor; —nleſerin, s. f., spicuitoare; —nförmig, adj., in formă de spice, spicos; —nſpiße, s. f., barba spicului.
Aichen, v. a., a cotì; vedi: Eichen.
Akademie, s. f., academie, universitate; — der Wiſſenſchaften, academie de seiințe.
Akademiker, s. m., academic.
Akademiſch, adj., academic;
Akademiſt, s. m., academist.
Akatholiſch, adj., acatolic.
Akazie, vedi: Schotendorn.
Akklamation, s. f., aclamațiune, aplaus.
Akklimatiſiren, v. a., a aclimatisa.
Akkommodiren, v. a., a acomoda; ſich —, v. r., a se acomoda.
Akkompanieren, v. a., a acompania; a însoțì.
Akkord, pl. —e, s. m., accord, învoire; — iren, v. a., a acorda, a tocmì, a se învoì.
Akkreditiren, v. a., a acredita.
Akkurat, adj. și adv., acurat, întocmai; —eſſe, s. f., acurateță, punctualitate.
Akkuſativ, pl. —e, s. m., acusativ.
Akrobat, pl. —en, s. m., acrobat, jucător pe fune.
Akroſtichon, pl. -cha, s. n., acrostich.
Akt, pl. —e, s. m., act, fapt, document.

Acten, *s. f. pl.*, acte de proces;
—mäßig, *adj.*, conform actelor;
—ſtück, *s. n.*, piesă, bucată de proces.
Actie, *pl.* —n, *s. f.*, acție, partea ce are cineva într'o speculă.
Actien-antheil, *s. m.*, cupon de acție; —beſitzer, *s. m.*, acționar; —geſellſchaft, *s. f.*, societate de acționari; —capital, *s. n.*, capitalul unei societăți pe acții.
Activ, *adj.* și *adv.*, activ, —ität, activitate; —ſchuld, *s. f.*, datorie activă; —vermögen, *s. n.*, avere.
Actuar, *s. m.*, actuar, scriitor la o judecătorie.
Acuſtik, *s. f.*, acustică, sciința despre sunete, despre auḑ.
Acuſtiſch, *adj.*, acustic.
Acut, *adj.*, ascuțit, acut.
Alabaſter, *s. m.* (miner.), peatră albă, alabastru; —n, *adj.*, de alabastru.
Alant, *s. m.* (bot.), earbă mare; inulă; —beere, *s. f.*, veḑi: Kalbeere.
Alarm, *pl.* —e, *s. m.*, alarmă, strigare la arme; —iren, *v. a.*, a alarma, a striga la arme.
Alaun, *pl.* —e, *s. m.* (miner.), peatră acră, alumen; —artig, *adj.*, aluminos; —erde, *s. f.*, pământ cu peatră acră; —haltig, *adj.*, aluminos; —ſtein, *s. m.*, stâncă, stan de peatră acră; —waſſer, *s. n.*, apă aluminoasă.
Albanien, *s. n.* (geogr.), Albania.
Albanier, *s. m.*, alban, albanez; —in, *s. f.*, albană, albaneză; —iſch, *adj.*, albanez, albanesc.

Alberbaum, *pl.* —bäume, *s. m.*, (bot.), plop alb.
Albern, *adj.*, prost, neghiob, hăbăuc, simplu; —es Geſchwätz, —es Zeug, prostii, neghiobii, nerodii; —heit, *s. f.*, neghiobie, prostie.
Album, *s. n.*, album.
Alchemille, *s. f.* (bot.), crătișoară, plașcă, pălașca.
Alchimie, *s. f.*, alchimie.
Alchimiſt, *pl.* —en, *s. m.*, alchimist.
Aleppo, *s. n.* (geogr.), Alepo.
Aleutiſch, *adj.* (geogr.), aleutic.
Alexander, *s. m.*, Alecsandru.
Alexandrien, *s. f.* (geogr.), Alesandria.
Alfanzerei, *pl.* —en, *s. f.*, fală goală, fanfaronadă.
Algebra, *s. f.*, algebră; —iſch, *adj.*, algebraic.
Algier, *s. n.* (geogr.), Algeria; —er, *s. m.*, algerian; —erin, *s. f.*, algeriană, —eriſch, *adj.*, algerie.
Alibi, *s. n.*, alibi.
Alimentation, *s. f.*, întreținere, alimentațiune.
Alimentiren, *v. a.*, a întreținè cu de mâncare, a alimenta.
Alkäiſch, *adj.*, alcaic.
Alkali, *s. n.* (chem.), alcali; —iſch, *adj.*, alcalin, leșios.
Alkaloid, *s. n.* (chem.), alcaloid.
Alkohol, *s. n.* (chem.), alcool; —ismus, *s. m.*, alcoolism, beutură preste mesură de beuturi spirituoase.
Alkoran, *s. m.*, alcoran.
Alkoven, *s. m.*, alcov, iatac.
All, *s. n.*, lume, univers.

All, (—er, —e, —es), *adj.*, tot, fiecare; unſer —er Vater, tatăl nostru al tuturor; ſie kommen —e drei, ei vin tustrei; ein Kleid auf —e Tage, un vestmént de toate ḑilele; —e drei Tage, tot la trei ḑile, tot a treia ḑi; ohne —en Zweifel, fără cea mai mică indoială; —er Orten, în tot locul, ori unde.

Allbarmherzig, *adj.*, prea indurat; —bekannt, *adj.*, preste tot locul cunoscut, de toți cunoscut; —da, *adv.*, aci, acolea; —dieweil, *adv.*, veḑi: weil; —dort, *adv.*, acolo.

Alle, *adv.*, — ſein, a se sfêrşi; mein Geld iſt —, nu mai am nici un ban.

Allee, *pl.* —n, *s. f.*, aleu, loc de preumblare.

Allegiren, *v. a.*, a alega.

Allegorie, *pl.* —n, *s. f.*, alegorie.

Allegoriſch, *adj.*, alegoric, simbolic.

Allein, *adj.* şi *adv.*, singur, isolat; numai; ganz —, singur singurel; ihm — gebührt die Ehre, numai lui se cuvine cinstea; —, *conj.*, însě, ci; er wollte gern, — er kann nicht, ar voi, însě nu poate; —beſitz, *s. m.*, proprietate esclusivă; —geſpräch, *s. n.*, monolog; —handel, *s. m.*, monopol; —herrſchaft, *s. f.*, monarchie, autocrație; —herrſcher, *s. m.*, autocrat; —ig, *adj.* şi *adv.*, singur, unic.

Allemal, *adv.*, totdeuna.

Allenfalls, *adv.*, la toată întêmplarea.

Allenthalben, *adv.*, pretutindinea, în tot locul.

Aller, (in compoziţiuni), der — beſte, cel mai bun.

Allerbarmer, *s. m.*, Dumneḑeul indurărilor.

Allerdings, *adv.*, firesce, veḑi bine; —durchlauchtigſt, *adj.*, prea luminat, serenisim; —erſt, *adv.*, mai ántéiu; —getreueſt, *adj.*, prea credincios; —gnädigſt, *adj.*, prea indurat, prea grațios.

Allerhalter, *s. m.*, atotțiitor, conservator.

Allerhand, *adv.*, de tot felul; —heiligen (Feſt), ḑioa tuturor sânților, —heiligſt, *adj.*, prea sânt; —heiligſte, *s. n.*, sânta sântelor; —höchſt, *adj.*, prea înalt, altisim; der —höchſte, *s. m.*, cel prea înalt; —lei, *adj.*, de tot feliul, de tot soiul; —letzt, *adj.*, cel mai de pe urmă; —liebſt, *adj.*, prea iubit, prea plăcut; —mannsharniſch, *s. m.*, (bot.), gladiolus; —meiſt, *adj.* şi *adv.*, cei mai mulți; de cele mai de multe ori; —nächſt, *adj.* şi *adv.*, cel mai apropiat; foarte aproape; —neueſt, *adj.*, cel mai nou; die —neueſte Mode, moda cea mai nouă.

Allerſchaffer, *v. m.*, făcětorul tuturor.

Allerſeits, *adv.*, din toate părţile, cu toții; —unterthänigſt, *adj.* şi *adv.*, prea supus, cel mai umilit; —wärts, *adv.*, preste tot locul, pretutindinea.

Alles, *s. n.*, totul; — eins, *adv.*, tot atâta.

Alle-sammt, *adv.*, pretutindinea, îndată; cu toţii; —weile, *adv.*, îndată; totdeuna: —zeit, *adv.*, deapururea, ori şi când.

All-gegenwart, *s. f.*, atot presenţă; —gegenwärtig, *adj.*, pretutindinea de faţă.

All-geliebt, *adj.*, de toţi iubit.

Allgemach, *adv.*, încet-încet.

Allgemein, *adj.* şi *adv.*, comun, general, universal, abstract; —e Kirchenversammlung, conciliu ecumenic; —heit, *s. f.*, totalitate, comuniune, universalitate; —machung, *s. f.*, generalisare.

All-genügsam, *adj.*, prea îndestulat; —genügsamkeit, *s. f.*, îndestulare nemărginită; —gewalt, *s. f.*, atot putinţă; —gewaltig, *adj.*, atot puternic, prea puternic; —gütig, *adj.*, prea bun.

Allheit, *s. f.*, univers, universalitate.

Allhier, *adv.*, aici, în acest loc.

Allianz, *pl.* —en, *s. f.*, alianţă.

Alligator, *s. m.* (zool.), aligator, crocodil.

Alliiren, *r. n.*, a se împreuna, a se alia.

Alliirte, *pl.* —n, *s. m.*, aliat, confederat.

Alliteration, *s. f.*, aliteraţiune.

All-jährig, —jährlich, *adj.* şi *adv.*, în fiecare an, anual, pe fiecare an.

Allmacht, *s. f.*, atot putinţă, atot puternicie; —mächtig, *adj.*, atot putinte, atot puternic.

All-mälig, *adj.* şi *adv.*, încet încet; succesiv; —monatlich, *adj.*, pe toată luna.

Allod, (**Allodium**), *pl.* —ien, *s. n.*, alodiu; —ial, *adj.*, alodial.

Allopath, *s. m.*, alopat.

All-sehend, *adj.*, atot vĕḑĕtor; —seitig, *adj.*, din toate părţile, omnilateral, universal; —tägig, *adj.*, pe toată ḑioa; —täglich, *adj.*, de toate ḑilele, ordinar, trivial, banal; —tags, *adj.*, —tagsgesicht, *s. n.*, faţă de toate ḑilele; —tagsleib, *v. n.*, haină de purtat; —umfassend, *adj.*, universal.

Alluvial, *adj.*, aluvial.

Alluvium, *s. n.*, aluviu.

All-vater, *s. m.*, părinte al tuturor.

All-waltend, *adj.*, atotcârmuitor; —weise, *adj.*, prea înţelept; —weisheit, *s. f.*, înţelepciune nemărginită; —wissend, *adj.*, atot sciutor; —wissenheit, *s. f.*, atot sciinţă; —wisserei, *s. n.*, cunoscinţă superficială; —zu, *adv.*, prea; —zu viel, prea mult; —zu geschwind, prea curĕnd, prea iute.

Almanach, *pl.* —e, *s. m.*, almanah, călindar.

Almosen, *s. n.*, milostenie, milă, elemosină; um ein — bitten, a cere, a cerşi milă; —brod, *s. n.*, pâne de pomană; —geld, *s. n.*, bani de pomană.

Aloe, *s. f.* (bot.), odogaciu.

Alose, *s. f.* (zool.), chepă, un fel de hirincă.

Alp, *s. m.*, greutate, apěsare în somn.

Alpen, *s. f. pl.* (geogr.), Alpii; —ampfer, *s. m.* (bot.), revent de Alpi; —bewohner, *s. m. pl.*, locuitorii Alpilor: —pflanze, plantă alpestră; —roſe, s. f., (bot.), bujor.

Alphabet, pl. —e, s. n., alfabet, abc; — iſch, adj., alfabetic.

Alp-hahn, s. m. (zool.), veḑi: Auerhahn; —horn, s. n., bucium.

Alraun, s. f. (bot.), mătrăgună.

Als, conj., ca, cum, precum, de cât, ca şi când; — ob, — wenn, — wie, ca, ca şi când, ca şi cum; ſüßer — Honig, mai dulce ca mierea; — ich ſah, veḑénd că; es ſcheint — ob es regnen wollte, pare că ar avè de gând să plouă; —bald, adv., îndată, curénd, dela început; —dann, adv., atunci, apoi, după aceea.

Also, adv. si conj., aşa, aşa dar, deci, prin urmare.

Alt, adj., bătrân, vechiu, antic; —e Leute, bătrânii; —e Kleider, haine vechi, purtate; wie — biſt du? de câți ani esti? er iſt zehn Jahre —, el este de ḑece ani; - machen, — werben, a îmbătrânì; ein —es Übel, un rău învechit; —er Soldat, soldat probat, espert; —er Haß, ură înrădăcinată; —er Sünder, om îmbătrânit în păcate; die —en, s. m. pl., bătrânii, strămoşii.

Alt, s. m. (geogr.), Oltul.

Alt, adj., —ſtimme, s. f., alt.

Altan, pl. —e, s m., foişor, altan, balcon.

Altar, pl. —täre, s. m., altariu; —tiſch, s. m., prestol; —tuch, s.n., pênzătura prestolului.

Altbacken, adj., copt de mai multă vreme.

Altdeutſch, adj., teutonic, germanic.

Alte, pl. —n, s. m., bătrânul, moşul.

Alteln, v. n., ă îmbătrânì.

Alter, s. n., vêrstă, etate, bătrânețe, vechime, anticitate; das jugendliche —, tinerețele, junia; das hohe —, bătrânețe adânci; von —s her, din vechime; von —s, odinioară, de demult; vor — ſterben, a murì de bătrân; von gleichem — ſein, a fi de o vêrstă.

Alter, adj., mai bătrân, mai în vêrstă.

Alteration, s. f., schimbare, alterațiune.

Alteriren, v. a., a schimba spre rău, a altera.

Älterlich, adj., părintesc.

Altermutter, s. f., străbună.

Altern, s. m. pl., veḑi: Eltern.

Altern, v. n., a îmbătrânì, a se învechì.

Alternativ, adj., alternativ, schimbător; —e, s. f., alternativă.

Alterniren, v. n., a alterna, a se schimba.

Alters-ſchwach, adj., slăbit de bătrânețe, senil; —ſchwäche, s. f., slăbiciune de bătrânețe, senilitate.

Alter-thum, s. n., vechime, anticitate; pl. —thümer, s. f. pl., anticități; —thümler, s. m., anticuar; —thümlich, adj., antic, vechiu; —thumsforſcher, s. m., archeolog; —thumskunde, s. f., archeologie.

Altervater, s. m., strămoş, străbun.

Ältefte, *adj.*, cel mai bĕtrân.
Alt-geige, *s. f.*, violon; —**gejelle**, *s. m.*, vechiu sodal; —**gläubig**, *adj.*, ortodocs, dreptmăritor.
Althee, *s. f.* (bot.), nalbă mare.
Alt-herkömmlich, *adj.*, vechiu, din străbuni, antic.
Altist, *r. m.*, altist.
Alt-klug, *adj.*, inţelept, precoce.
Ältlich, *adj.*, bĕtrânicios, cam bĕtrân.
Alt-meister, *s. m.*, căpetenia unei bresle; —**modisch**, *adj.*, de modă vechie; —**väterisch**, *adj.*, patriarchal, după moda vechie; —**vorderen**, *s. m. pl.*, vedi: Vorfahren; —**weibersommer**, *s. m.*, toamna ţesĕtoare.
Aluminium, *r. n.*, (miner.) aluminiu.
Am, *prep.*, la, pe, lângă; —besten, cel mai bun; — Leben sein, a fi încă în vieaţă; — Sonntage, dumineca; — Tage des Gerichts, la dioa judecăţii; — dritten Tage, a treia di; — heutigen Tage, astădi, în dioa de adi; — Ende, la sfêrşiţ.
Amalgam, *s. n.*, amalgam; —**iren**, *r. a.*, a amalgama, a împreuna.
Amaranth, *s. m.* (bot.), amarantă.
Amarelle, *s. f.*, amarelă, vişina.
Amazone, *s. f.*, amazonă; —**nstrom**, *s. m.* (geogr.), rîul Amazoanelor, Maranon.
Amber, *s. m.* (miner.), ambră, chichribar.
Amboß, *pl.* —e, *s. m.*, ileu, necovană.
Ambra, *s. n.*, vedi: Amber.
Ambrosia, *s. f.*, ambrosia.

Ameise, *pl.* —n, *s. f.* (zool.), furnică; —**nartig**, *adj.*, ca furnicile, de soiul furnicei; —**näther**, *s. m.* (chem.), eter formic; —**nbär**, *s. m.* (zool.), mirmecofagul; —**nhaufen**, *s. m.*, furnicar; —**nsäure**, *s. f.* (chim.), acid formic.
Amen, *s. n.*, amin; —, *interj.*, fie!
Amerika, *s. f.* (geogr.), America; —**ner**, *s. m.*, american; —**nerin**, *s. f.*, americană; —**nisch**, *adj.*, american, de America.
Amethist, *s. m.* (miner.), ametist.
Amianth, *s. m.* (miner.), amiant,
Amman, *s. m.*, vedi: Amtmann.
Amme, *s. f.*, doică, daică; —**nmärchen**, *s. n.*, poveşti de babe.
Ammer, *s. f.* (zool.), presure.
Ammonial, *s. m.* (chem.), amoniu.
Ammonium, *s. n.* (chem.), amoniu.
Ammonshorn, *pl.* —**hörner**, *s. n.*, (geol.), amonit.
Amnestie, *s. f.*, amnestie, agraţiare, pardon general.
Amnestiren, *v. a.*, a da pardon, a agraţia.
Amor, *s. n.*, Amor.
Amorph, *adj.*, amorf.
Amortisation, *s. f.*, amortisaţiune,
Amortisiren, *v. a.*, a amortisa.
Ampel, *pl.* —n, *s. f.*, lampă.
Ampfer, *s. m.* (bot.), macriş.
Amphibie, *s. f.* (zool.), amfibie.
Amphiktionen, *s. f. pl.*, amfictioni, judecători în vechia Eladă.
Amphitheater, *s. n.*, amfiteatru.
Amphitheatralisch, *adj.*, amfiteatral.
Amputation, *s. f.*, amputaţiune.
Amputiren, *v. a.*, a amputa, a tăiè un membru molipsit.

Amſel, s. f. (zool.), mierlă.
Amt, pl. Aemter, s. n., diregătorie, funcţiune, oficiu; ein — antreten, a intra în funcţiune; von —ẽwegen, din diregătorie; ſeines —ẽ entſetzen, a depune din oficiu, a'l lipsi de oficiul seu; was beines —ẽ nicht iſt, da laß deinen Vorwitz, nu'ţi băga nasul, unde nu'ţi ferbe oala; Orts—, primăria comunală; —, serviciu divin; —iren, v. a., a funcţiona; —lich, adj., oficios, din oficiu; —los, adj., fără funcţiune: —mann, s. m., prefect de justiţie; oficial cameral; —männin, s. f., soţia unui prefect cameral; —mannſchaft, s. f., prefectură.

Amts-alter, s. n., ancienitate; —antritt, s. m., intrare în oficiu; —geſchäfte, s. f. pl., afaceri de oficiu; — aufſeher, s. m., supra inspector; —bericht, s. m., raport oficial; —beſcheid, s. m., resoluţiune oficioasă; —bewerber, s. m., competitor, aspirant, la oficiu; —bezirl, s. m., cerc de jurisdicţiune; —blatt, s. n., foaea oficioasă, buletinul oficial; —bote, —diener, s. m., servitor de oficiu; —bruder, s. m., confrate, colegă; —entſetzung, s. f., destituire din oficiu; —führung, s. f., administraţiune; —gefälle, s. n. pl., taese de oficiu, sportule; —hauptmann, s. n., prefect; —hauptmannſchaft, s. f., prefectură; —kleid, s. n. costum oficial, uniformă; —knecht, s. m., argat; —leiter, s. m., director de oficiu, administrator; —pflege, s. f., administraţiune; —pflicht, s. f., datoria de oficiu; —ſache, s. f., afacere oficioasă; —ſchreiber, s. m., scriitor de tribunal; —ſiegel, s. n., sigil oficios; —ſtube, s. f., biroul prefecturei; —tag, s. m., di de judecată; —verrichtung, s. f., funcţiune oficioasă; —verwalter, s. m., administrator, subprefect; —vorſtand, s. m., pretor; —wirfungskreis, s. m., jurisdicţiune.

Amulett, s. n., amulet.

An, prep., in, întru, lângă, la; (cu dativ), er hat — dieſem Orte ſeinen Sitz, în locul acesta are aşeděmèntul seu; — einem Orte zuſammenkommen, a se întâlni la un loc; — der Thüre horchen, a asculta la uşe; — meinem Hauſe, aproape de casa mea; — der Hand führen, a duce de mână; — dem Schickſale Jemandes theilnehmen, a lua parte la soartea cuiva, a'l compătimi; einen Freund — Jemanden finden, a afla un amic în cineva; — den Haaren faſſen, a apuca de pěr; — der Donau, lângă, la Dunăre; ſo viel — mir iſt, ce atârnă dela mine; die Schuld liegt — ihm, el poartă vina; — meiner Seite, lângă mine; (cu acusativ), — einen Pfahl binden, a lega de un par; — den Baum, — die Wand hangen, a acăţa de pom, de părete; — die Thüre klopfen, a bate la uşe: — das Feuer setzen, a pune la foc; — Gott glauben, a crede în D[eu; — Jemanden schreiben, a scrie cuiva; die Reihe kommt — mich, rêndul vine la mine;—dieReihe kommen; a'i venì cuiva rêndul; Hand — das Werk legen, a se apuca de lucru; — die Arbeit gehen, a încępe lucrul, a se apuca de lucrat: sich — einen Stein stoßen, a se lovì de o peatră; Berg—gehen, a merge la deal, a se suì; von ... —, adv., de atunci, de acum, începênd cu; von jetzt —, von nun —, de pe acum; von Kindheit —, din copilărie.

Ana-baptist, s. m., anabaptist, botezat de nou; —baptismus, s. m., anabaptism; —choret, s. m., eremit, anachoret; —chronismus, s. m., anachronism.

Ana-gramm, pl. —e, s. n., anagram.

Anakreontisch, adj., anacreontic.

Analekt-en, s. f. pl., analecte; —isch, adj., analectic.

Analog, adj., analog, asemănător; —ie, s. f., analogie. asemēnare.

Analyse, pl. —n, s. f., analisă, desfacere în părțile sale.

Analysiren, r. a., a analisa, a desface.

Analytik, s.f., analitică, desfacere; —er, s. m., analitic, desfăcător.

Analytisch, adj., analitic.

Ananas, s. f. (bot.), ananas.

Anankern, r. a., a înțepenì cu anchira.

Anapäst, pl. —e, s. m., anapest.

An-archie, pl. —en, s. f., desfrêu, anarchie; —archisch, adj., anarchic; —archist, s. m., anarchist.

Anathem, pl. —e, s. n., anatemă, afurisanie; —atisiren, v. a., a anatemisa, a afurisì.

Anatom, pl. —en, s. m., anatom; —ie, s. f., anatomie; vergleichende —ie, anatomie comparată; —isch, adj., anatomic.

An-backen, v. n., a se lipì la copt; —bahnen, v. a., a pune la cale, a începe; —bau, s. m., adausul unei zidìri la alta; —bau eines Feldes, lucrarea pămêntului, sēmēnarea unei tarini; —bauen, v. a., a lucra, a cultiva un pămênt; Gerste —, a semîna orz; einen Flügel am Hause —, e zidì, a edifica la casă o aripă; —bauer, v. a., lucrător, cultivător de pămênt, colonist.

Anbefehlen, v. a. ir., a porunci, a ordona, a demanda.

Anbeginn, s. n., început, urḑire, origine.

Anbehalten, v. a., a nu desbrăca o haină.

Anbei, adv., pe lângă, lângă, totodată.

An-beißen, v. a. ir., a încolțì, a muşca, a gusta ceva; —belangen, v. a. impers., ce se ține, ce privesce; —bellen, v. a., a lătra la cineva; —bequemen, sich, v. r., a se acomoda; —beraumen, v. a., a hotărì, a prefige, a ficsa ḑioa; —beten, v. a., a se închina la cineva, a adora pre cineva; —beter, s. m., adorator; —beterin, s. f., adorătoare; —betung s. f., adorațiune; —betungswürdig, adj., adorabil; —betteln, r. a., a cerși dela cineva milă.

An-biegen, r. a. ir., a apropiè la alt corp; —biegen, r. a., a îmbiè, a oferì; —, r. n., a oferì, a licita.

Anbinden, r. a. ir., a lega de ceva; mit Jemandem —, a se apuca de ceartă cu cineva; Jemandem einen Bären —, a purta pre cineva cu vorba.

Anbiß, pl. —ffe, s. m., muşcătură, gustare, dejun.

Anblasen, r. a. ir., a sufla cătră, spre ceva; a sufla în trombiță.

Anblecken, r. a., a rênjì dinții de mănie.

Anblick, s. m., privire, vedere, căutătură, spectacol; ein angenehmer —, o privire, privelişte plăcută; beim ersten —, la prima vedere; ein trauriger —, o tristă privire, un trist spectacol; —en, r. a., a privì, a arunca o căutătură spre ceva.

Anblinken, } r. a., a privì cu ochii
Anblinzeln, } abia deschişi.

Anblöcken, r. a., a mugì cătră cineva.

Anbohren, r. a., a începe a sfredelì, a bortelì; —, s. n., trepanațiune.

Anbot, pl. —e, s. n., primul ofert.

Anbraten, r. n., a începe a se frige, a se pârlì.

Anbrechen, r. a. ir., ein Brod, eine Flasche Wein, a începe o pâne, o sticlă de vin; —, r. n. ir., a începe a se ivì; der Tag bricht an, începe a se crepa de dioă; mit anbrechender Nacht, cu murgitul serei; die Nacht bricht an, înseară.

Anbrennen, r. a. ir., a aprinde, a da foc, a pârlì; a se arde, a se afuma; angebrannt riechen, a mirosì a afumat, a pârlit.

Anbringen, r. a. ir., a pune, a aşeza, a aplica; a propune; seine Tochter wohl —, a'şi aşeza bine pre fiica sa; einen Spaß gut —, a aplica bine o glumă; eine Beschwerde —, a aşterne o plânsoare; seine Waaren —, a'şi vinde marfa; gut angebracht, schlecht —, reu, bine potrivit; —er, s. m., aşezător, pîrîtor, denunciant; —ung, s. f., vêndare; denunciare.

An-bruch, pl. —brüche, s. m., ruptură, frântură; mit Tages—, în diorile, în murgitul dilei; —brüchig, adj., stricat, putred, oțețit, stătut; der Wein wird —, vinul se oțețesce; —es Obst, poame putrede.

An-brühen, r. a., a opărì cu apă feartă; —brüllen, r. a., vedi; Anblöcken; —brummen, r. a., a mormoì cătră ceva; britten, r. a., a începe a clocì; angebrütetes Ei, ou clocit.

Ancienneta̋t, s. f., prioritate.

Andacht, s. f., evlavie, pietate, devoțiune; rugăciune; seine — verrichten, a'şi face rugăciunile.

Andächtelei, s. f., fățărie, ipocrisie, evlavie mincinoasă.

Andächtig, adj., evlavios, devot.

Andächtler, *s. m.*, fățarnic, ipocrit; —in, *s. f.*, ipocrită.

Andachts-buch, *pl.* —bücher, *s. n.*, carte de rugăciune; —stunden, oare de meditațiuni religioase; —übungen, esercițíi de pietate; —voll, *adj.*, evlavios, devot.

Andalusi-en, *s. n.* (geogr.), Andalusia; —er, *s. m.*, Andalusian; erin, *s. f.*, Andalusă.

Anden, *s. f. pl.* (geogr.) Anḑii; Condilierii Americei de Sud.

Andenken, *s. n.*, pomenire, aducere aminte, memorie, suvenire; zum —, de aducere aminte, de suvenire; seligen —s, de pie memorie.

Ander, (der, die, das andere), *pron.* și *adj.*, alt, alta, celalalt, ceealaltă, al doilea; eins in's —e gerechnet, una cu alta; ein Jahr um's —e, an după an; sich eines —n besinnen, a'și schimba părerea.

Ändern, *v. a.*, a schimba, a corecta; sich —, *v. r.*, a se schimba; a se preface.

Andern-falls, *adj.*, în casul contrar, de altcum; —theils, *adv.*, pe de altă parte.

Anders, *adv.*, altmintrea; — werden, a se schimba.

Anderseits, *adv.*, de altă parte.

Anders-wo, *adv.*, aiurea, altundeva; —woher, *adv.*, de aiurea, de altundeva.

Anderthalb, *adj.*, unu și jumătate.

Änderung, *pl.* —en, *s. f.*, schimbare, mutare.

Ander-wärtig, *adj.* și *adv.*, de altundeva, ulterior; —wärts, *adv.*, veḑi: Anderswo; —weitig, *adv.*, veḑi: Anderwärtig.

Andeut-en, *v. a.*, a arăta, a însemna, a da să priceapă, a notifica; —ung, *s. f.*, prevestire, arătare, notificare, presimțire.

Andicht-en, *v. a.*, a scorni, a presupune; —ung, *s f.*, scornire, născocire, presupunere.

Andonnern, *v. a.*, a întimpina cu vorbe aspre.

Andorn, *s. m.* (bot.) cătușnică.

Andorren, *v. n.*, a se usca pe creangă.

Andrang, *s. m.*, îndesuire; congestiune.

Andrängen, *v. a.*, a îndesui.

Andräuen, *v. n.*, veḑi: Androhen.

Andrehen, *v. a.*, a înțepeni prin învîrtire.

Anbringen, *v. n. ir.*, a apropiè cu forța; das Blut bringt nach dem Kopfe an, sângele se sue la cap.

Androh-en, *v. a.*, a amenința cu ceva; —ung, *s. f.*, amenințare.

Andrucken, *v. a.*, a adauga în tipar.

Andrücken, *v. a.*, a apăsa.

Aneifer-n, *v. a.*, a îndemna, a inima, a încuragia; —ung, *s. f.*, îndemnare, încuragiare.

Aneign-nen, *v. a.*, a însuși cuiva ceva, a'i da; sich —, *v. r.*, a'și apropria; —nung, *s. f.*, însuire, apropriare.

Aneinander, *adv.*, laolaltă; —fügen, *v. a.*, a lega, a împreuna laolaltă; —grenzen, *v. n.*, a se învecina; —grenzend, *adj.*, vecin cu moșia, limitrof; —hängen, *v. a.*, a acăța de ceva; a fi

legat de cineva prin simțēminte;
—paſſen, v. a., a potrivì laolaltă; —ſtoßen, v. n. ir., a se învecina; a se ciocnì.

Æneide, s. f., Eneida (lui Virgil).

Anekdote, pl. —en, s. f., anecdotă, istorioară.

Anekeln, v. n., a se îngrețoșa, a se disgusta.

Anemone, s. f. (bot.), floarea pascilor, oiță.

Anempfehlen, v. a., vedĭ: Empfehlen.

Anerben, v. a., a'și immulți averea prin moștenire.

Anerbieten, s. n., ofert.

Anerkennen, v. a., a recunoasce, a mărturisì; —tniß, s. f., aperceptiune; —ung, s. f., recunoascere; gerichtliche —ung, legalisare; geſetzliche —ung, legitimațiune.

Anerschaffen, v. a. ir., a crea, a fi dăruit dela natură; —, adj., dăruit dela natură.

Anerziehen, v. a., a inocula cuiva ceva prin educațiune.

Aneſſen, v. r., a'și umplè pântecele cu mâncare.

Anfächeln, v. a., a face vênt cu mâna, cu vênturarul.

Anfachen, v. a., a ațița focul.

Anfädeln, v. a., a însira (mărgele).

Anfahren, v. n. ir., a da cu trăsura preste ceva; a ajunge la țĕrm; Jemanden hart —, a întêmpina pre cineva cu cuvinte aspre, a'l înfrunta; angefahren kommen, a sosì în trăsură; —fahrt, s. f., sosire, intrare (cu trăsura).

Anfall, pl. —fälle, s. m., cădere, lovire, pălire, atac, asalt; Schlagfluß—, atingere, lovitură de apoplecsie; —en, v. a. ir., a isbì, a se arunca, a se repedi asupra cuiva, a ataca; es fällt mich eine Krankheit an, mĕ simt atacat de o boală; der Hund fällt alle Leute an, cânele acesta atacă pre toți oamenii; ihm ist eine Erbschaft angefallen, el a făcut a moștenire; —recht, s. n., dreptul de succesiune.

Anfang, pl. —fänge, s. m., început, origine, cap; den —machen, a face începutul, a începe; im —e, întru început; vom —e bis zum Ende, dela început până la sfêrșit; —fänge, pl. începuturi, elemente, principii; —fangen, v. a. și n. ir., a începe; ich weiß nicht was ich — soll, nu sciu ce să me fac; es ist nichts mit ihm anzufangen, n'ai ce ispravì cu el, nu e bun de nimica; das Gespräch wieder —, a reînnoì conversațiunea; einen Prozeß —, a trage pre cineva la judecată, a intenta un proces; — zu lachen, a se pune pe ris.

Anfäng-er, s. m., începĕtor, învĕțăcel, noviț; —erin, s. f., începĕtoare, noviță; —lich, adj. și adv., prim; la început, dintr'ântêi.

Anfangs, adv., la început; gleich —, îndată la început; —buchſtabe, s. m., literă inițială, capitală; —geſchwindigkeit, s. f. (fis.), iuțeală inițială; —gründe, s. f. pl., elemente, principii; —unterricht, s. m., învĕțămênt primar.

Anfassen—Anführen 43

Anfassen, v. a., a prinde, a apuca cu mâna.

Anfaulen, v. n., a începe a putredi, a se strica.

Anfechtbar, adj., contestabil.

Anfecht-en, v. a., a combate, a ataca, a contesta; die Giltigkeit eines Testamentš —, å contesta validitatea unui testament; was ficht dich an, ce'ți plesnesce prin gând, ce te apucă? —ung, s. f., contestațiune; tentațiune, ispită.

Anfeilen, v. a., a pili linişor.

Anfeind-en, v. a., a avè inimiciție cătră cineva; a'i fi dușmânos; —ung, s. f., inimiciție, dușmănie.

Anfertigen, v. a., vedi: Verfertigen.

Anfesseln, v. a., a încătuşa, a pune in fere.

Anfetten, v. a., a pune grăsime in ceva.

Anfeucht-en, v. a., a umeḑi, 'a nda, a muiè; —ung, s. f., umeḑire, udare.

Anfeuer-n, v. a., a face foc, a aprinde; a înflăcăra, a ațița curagiul, a încuragia; —ung, s. f., încuragiare, excitare.

Anflammen, v. a., a părli pe flacără; a înflăcăra; —flattern, v. n., a se apropiè fluturând.

Anflechten, v. a. ir., a împreuna prin împletit.

Anfleh-en, v. a., a ruga, a implora, invoca, a suplica; —ung, s. f., rugăciune ferbinte, invocare.

Anflicken, v. a., a coase un petec, a peteci, a cârpì.

Anfliegen, v. n., a se apropiè zburând; die Fenster fliegen an, ferestrile se îmbureazâ; ein zartes Roth fliegt ihre Wangen an, o fragedă roşeață îi trece preste obraz.

Anfließen, v. n. ir., a curge; das Wasser fließt an, apa cresce.

Anflöß-en, v. a., a apropiè prin plutire; a transporta la țerm lemne, petri etc.; —ung, s. f., plutire; aluviu, nomoliturâ.

Anflug, pl. —flüge, s. m., sbor; bură (pe ferești); floare, eflorescență.

Anfluß, pl. —flüsse, s. m., crescerea apelor; aluviune, nomolitură.

Anforderung, pl. —en, s. f., cerere, pretensiune.

Anformen, v. a., a da cuiva o formă, a forma.

Anfrage, pl. —n, s. f., întrebare; bei Jemandem eine — thun, a se informa despre ceva dela cineva; —n, v. a., a întreba, a se informa; um Erlaubniß —, a cere permisiunea.

Anfressen, v. a. ir., a incepe a roade la ceva; sich —, v. r., a se îndopa.

Anfrieren, v. n. ir., a înghieța; a înghieța de ceva.

Anfrischen, v. a., a improspèta; a îmbărbăta.

Anfuge, pl. —n, s. f., veḑi: Beilage.

Anfüg-en, v. a., a alătura, a adauge; a încleşta; —ung, s. f., alăturare; încleştare, înțepenire.

Anfühlen, v. a., a pipăi; —, s. n., pipăire, pipăit.

Anfuhre, s. f., cărăușie.

Anführ-en, v. a., a conduce, a comanda (o armată); a alega,

a cita; a înşéla; —er, *s. m.*, conducétor, director, comandant, şef; înşelător; —erei, *s. f.*, veḑi: Betrügerei; —ung, *s. f.*, conducere, comandă; citaţiune, alegaţiune; înşělare; —ungszeichen, *s. f. pl.*, semnele citaţiunei.

Anfüllen, *r. a.*, a umplé; sich —, a se umplé de mâncare şi beutură; —ung, *s. f.*, umplere, umplětură.

Anfurt, *pl.* —en, *s. f.*, loc de descărcat la mare, vad.

Angabe, *pl.* —en, *s. f.*, arvună; spusă, raport, denunciare; plan, proiect; seiner — nach, după spusele lui; — des Inhaltes eines Packetes, declaraţiunea cuprinsului unui pachet.

Angabeln, *v. a.*, a apuca cu furcuţa.

Angaffen, *r. a.*, a se uita cu gura căscată; —er, *s. m.*, gură căscată.

Angähnen, *r. a.*, a'i căsca cuiva în faţă.

Angeben, *r. a.*, a da arvună; a arăta, a proiecta; Jemanden —, a denuncia pre cineva; den Ton —, a da tonul (în musică); Beweise —, a produce argumente; sein Vermögen —, a face arětare despre averea sa, a'şi declara averea; sich —, *v. r.*, a se denuncia, a se acusa; —er, *s. m.*, denunciant; inventor, autor; —erei, *s. f.*, denunciaţiune; —erin, *s. f.*, denunciantă; —zettel, *s. m.*, bilet de declaraţiune.

Angebinde, *s. n.*, dar, present.

Angeblich, *adj.*, după cum se presupune.

Angeboren, *adj.*, înnăscut, natural, firesc.

Angebot, *pl.* —e, *s. n.*, primul ofert.

Angebung, *s. f.*, veḑi: Angabe.

Angedeihen lassen, *r. a. ir.*, a concede, a acorda.

Angedenken, *v. n.*, veḑi: Andenken.

Angehänge, *s. n.*, apendice, adnecse; scule ce se atérnă de ceva.

Angehen, *v. n. ir.*, a începe; die Vorlesung wird bald —, prelegerea se va începe îndată; was geht das dich an? ce'ţi pasă; er geht mich nichts an, n'am d'a face cu el, nu'l cunosc de fel; das wird nicht —, aceasta nu se va puté face; das Feuer geht an, focul se aprinde; das Fleisch geht an, carnea începe a se putreḑi; —, *r. a. ir.*, Jemanden —, a cere ajutor dela cineva, a se adresa la cineva; —d, *adj.*, începětor; mit —dem Sommer, cu începutul verei; bei —der Nacht, la apropierea nopţii; ein —der Lehrer, un începětor în ale învěţătoriei; ein —der Schüler, un scolar începětor; —d, *conj.*, in ce privesce, cât pentru.

Angehör, *s. n.*, proprietate; —en, *v. n.*, a aparţiné, a fi al cuiva; —ig, *adj.*, aperţinénd, fiind al cuiva; —ige, *s. m. pl.*, consângeni, rudenii.

Angeifern, *v. a.*, veḑi: Begeifern.

Angeklagte, *s. m. şi f.*, acusat, pîrit; acusată, pîrîtă.

Angel, *s. f.*, ţiţină; undiţă; mit der — fischen, a pescui cu undiţa; zwischen Thür und —, intre ciocan şi nicoval; —band, *s. n.*, peantă.

Angelb, *s. n.*, arvună, capară.

Angelegen, *adj.*, sich Etwas — sein lassen, a se interesa prea mult de ceva; —heit, *s. f.*, treabă, afacere; der Minister der auswärtigen —heiten, ministrul afacerilor esterne; —tlich, *adv.*, cu inteţire, urgent; sich —tlich nach Jemanden erkundigen, a se interesa mult de cineva.

Angelegt, *adj.*, pus, aşezat, intogmit: —eś Feuer, foc pus intr'adins, cu scop rěu.

Angelfisch, *s. m.* (zool.), raie; —fischerei, *s. f.*, pescuitul cu undiţa; —haken, *s. m.*, undiţa.

Angelika, *s. f.* (bot.), veḍi: Engelwurz.

Angelleine, *s. f.*, veḍi: Angelschnur.

Angeln, *v. a.*, a pescui cu undiţa, a prinde cu undiţa.

Angeloben, *v. a.*, a promite sěrbătoresce; —gelobung, *s. f.*, —gelöbniß, *s. n.*, promisiune sěrbătoreasca.

Angelplatz, *pl.* —plätze, *s. m.*, loc pentru a prinde pesci cu undiţa; —ruthe, věrgea de undiţă; —schnur, *s. f.*, cordea, sfoară de undiţă.

Angelsächsisch, *adj.*, anglosacson.

Angelweit, *adj.*, deschis de tot; das Maul — aufsperren, a căsca gura pănă la urechi.

Angemessen, *adj.*, cuvenit, conform, convenabil, proporţionat; —heit, *s. f.*, cuviinţă, conformitate.

Angenehm, *adj.* şi *adv.*, plăcut, gustuos, delicios, frumos.

Anger, *s. n.*, fěnaţ, rit; —blume, *s. f.* (bot.), talpa găscei, ghisdeiu; —recht, *s. n.*, dreptul de păşune.

Angeregt, *adj.*, pus în discusiune.

Angerissen, *adj.*, chefuit.

Angesehen, *adj.*, insemnat, respectat, notabil, considerabil; — sein, a fi respectat.

Angesessen, *adj.*, aşezat, statorit cu locuinţa.

Angesicht, *pl.* —er, *s. n.*, faţă, vedere; mutră; im —, in faţa cuiva, in presenţa lui; von — zu —, faţă in faţă; —s, *adv.*, in faţa, in presenţa cuiva.

Angesteckt, *adj.*, molipsit, infectat.

Angewäge, *s. n.*, căpětăiu de fus.

Angewandt, *adj.*, aplicat.

An-gewöhnen, *v. a.*, a obicinui, a deprinde; sich Etwas —, a se deda, a se obicinui la ceva; —gewohnheit, *pl.* —en, *s. f.*, obicinuinţă, invěţ.

Angießen, *v. a. ir.*, a věrsa, a uda; das Kleid sitzt wie angegossen, haina aceasta 'ţi şade ca turnată.

Angirren, *v. a.*, a ofta după cineva.

Anglicismus, *pl.* —men, *s. m.*, anglicism.

Anglikanisch, *adj.*, anglican.

Anglisiren, *v. a.*, a tăiè coada cailor.

Anglotzen, *v. a.*, a se inholba la cineva.

Angränzen, *r. n.*, vedi: **Angrenzen**.

Angreifbar, *adj.*, atacabil.

Angreif-en, *r. a. ir,* a apuca, a prinde cu mâna; a ataca; a slăbi, a roade; die Augen —, a ostăni ochii; Jemandes Ehre —, a se atinge de onorul cuiva; den Feind —, a ataca pre inimic; anvertraute Gelder —, a dilapida bani; Jemandes Meinung —, a combate părerile cuiva; eine Sache wohl —, a începe bine un lucru; nicht wissen eine Sache anzugreifen, a nu sci cum să începi un lucru; die Krankheit hat ihn angegriffen, boala 'l a slăbit foarte; sich —, *r. r.*, a se ostăni; —end, *adj.*, agresiv, ofensiv; —er, *s. m.*, atăcător, agresor.

Angrenz-en, *r. n.*, a se invecina, a se mărgini; —end, *adj.*, învecinat, limitrof; —ung, *s. f.*, margini, confinii.

Angriff, *pl.* —e, *s. m.*, năvălire, năvală, atac, asalt; einen — machen, a da năvală, a ataca; —swaffe, *s. f.*, armă de asalt, ofensivă; —sweise, *adj.*, ofensiv.

Angrinsen, *r. a.*, a rînji dinții privind la cineva.

Angrunzen, *r. a.*, a grohotí cătră cineva.

Angst, *pl.* Ängste, *s. f.*, frică, teamă, spaimă, neodihnă; ich habe —, 'mi e teamă; Jemandem — machen, a spărie pre cineva; mir wird —, 'mi e frică; in tausend Ängsten sein, a se în-spăimenta de moarte; —geschrei, *s. n.*, strigăt dureros.

Ängstig, *adj.*, fricos, îngrijat; —en, *r. a.*, a neodihni, a infrica; sich —en, *r. r.*, a se necăjì, a se frementa cu frica; —ung, *s. f.*, frică, neliniscc, turmentare.

Ängstlich, *adj.* și *adv.*, neodihnit, foarte îngrijat, timid; —keit, *s. f.*, neodihnă, timiditate.

Angst-ruf, *s. m.*, vedi: Angstgeschrei; —schweiß, *s. m.*, sudori reci de frică; —voll, *adj.*, fricos, spăimentat.

Angucken, *r. a.*, a se uita la cineva.

Angürten, *r. a.*, a încinge.

Anguß, *pl.*, —güsse, *s. m.*, parte de metal înădită prin turnătură.

Anhaben, *r. a.*, a avé pe sine, a purta (haine), a fi îmbrăcat; Jemandem Etwas —, a face cuiva rău.

Anhacken, *r. a.*, a lovi cu sapa.

Anhaften, *r. a.*, a se lega de ceva, a sta lipit de ceva.

Anhäkeln, *r. a.*, a acăța, a încârliga.

Anhaken, *r. a.*, a înțepeni cu cârlige.

Anhalftern, *r. a.*, a lega cu căpestrul.

Anhalsen, *r. a.*, a pune sgarda cânilor.

Anhalt, *pl.* —e, *s. m.*, oprire; sprijoană; —en, *r. a. ir.*, a ține de aproape; a oprì; Jemanden zur Arbeit —, a deprinde pre cineva la lucru, a 'l face să lucre; —en, *r.n.ir.*, a ține timp mai îndelungat, a continua; a cere; um ein Amt —, a umbla după o dregătorie; um ein Mädchen —, a peți o fată; sich —en an Etwas, r. r., a se ține de ceva, a se sprijini; —en, s. n., oprire, reținere; solicitare, pețire; continuitate; —end, adj., continuu, stăruitor.

Anhalte-fette, pl. —n, s. f., opritoare la ham; —punkt, s. m., razim, sprijoană, stațiune.

Anhalter, s. m., cârlig.

Anhaltsam, adj., stăruitor, continuu; —keit, s. f., stăruința, asiduitate.

Anhämmern, r. a., a împreuna cu ciocanul.

Anhang, pl. —hänge, s. m., adaus, suplement, apendice; partită, facțiune: einen großen — haben, a avè mulți partisani; —en, r. n., a se ține de ceva; a spânzura de ceva; einer Partei —, a se ținè de partita cuiva.

Anhängen, r. a., a acăța ceva; Jemandem Etwas —, a'i juca cuiva o festă; sich —, r. r., a se acăța de ceva; sich an Jemanden —, a se acăța, a se lega de cineva.

Anhangend, adj., atérnător, inherent.

Anhäng-er, s. m., partisan, aderent; acățător; —ig, adj., pendent, dependent; einen Prozeß —ig machen, a face proces in contra cuiva; —lich, adj., alipit, aplecat; —lichkeit, s. f., aplecare, devotare, afecțiune; —sel, s. n., adausuri; coadă.

Anharken, r. a., a grebla.

Anhau, s. m., prima lovitură cu sapa, cu sècurea.

Anhauchen, r. a., a sufla lin spre ceva; a inspira.

Anhauen, r. a., a începe ceva cu lovituri de sècure.

Anhäufeln, r.a., a face grămejoare; a săpa cartofi etc.

Anhäuf-en, r. a., a grămădì, a strînge; sich —, r. r., a se grămădì, a se stringe, a se înmulți; —ung, s. f., grămădire, acumulațiune.

Anheben, r. n., a începe.

Anheften, r. a., a încopcia; a prinde cu cuie, a prinde cu impunsături mari.

Anheilen, r. n., a se vindeca.

Anheim, adv., acasă; —fallen, a se împărtăși; Jemandem Etwas —stellen, a lăsa ceva la disposițiunea cuiva.

Anheischig, adv., sich zu Etwas — machen, a se obliga la ceva, a se angaja.

Anhelfen, r. a. ir., a ajuta cuiva să se îmbrace.

Anher (Anhero), adv., incoace, aici.

Anhetz-en, r. a., a sumuța cânii; a sumuța pre cineva în contra altuia, a întărita; —er, s. m., sumuțător, întăritător; —ung, s. f., sumuțare, ațițare, întăritare.

Anhieb, pl. —e, s. m., prima lovitură; dărâmătură.

Anhöhe, pl. —n, s. f., înălțime, colină, măgură.

Anhör-en, r. a., a asculta cu luare aminte; —ung, s. f., ascultare (de martori).

Anhüpfen, *v. a.*, a veni sărind, săltând.
Animal=isch, *adj.*, animalic; —ismus, *s. m.*, animalitate.
Anis, *s. m.* (bot.), anason; —apfel, *s. m.*, măr posmăgel; —brandwein, *s. m.*, rachiu făcut cu anason; —öl, *s. n.*, uleu de anason.
Anjagen, *v. n.*, a veni in fuga mare.
Anjochen, *v. a.*, a injuga, a pune în jug.
Ankämpfen, *v. n.*, a lupta contra cuiva.
Ankauf, *pl.* —käufe, *s. m.*, cumpĕrare; —en, *v. a.*, a cumpĕra; sich —, *v. r.*, a'şi cumpĕra undeva moşie.
Ankäufer, *s. m.*, cumpĕrător.
Ankaufung, *pl.* —en, *s. f.*, cumpĕrare.
Ankeilen, *v. a.*, a înţepeni cu icuri, a împĕna.
Anker, *s. n.*, anchiră; ancoră; den — werfen, a arunca, a cufunda anchira; die — lichten, a ridica anchira însus.
Ankerben, *v. a.*, a face o crestătură, a recli: a canela.
Anker=boje, *s. f.*, semnul anchirei, plută pentru însemnarea locului anchirei; —fest, *adj.*, înţepenit cu anchira; —grund, *s. m.*, loc potrivit pentru a arunca anchira; —haken, *s. m.*, cârligul anchirei; —kreuz, *v. n.*, crucea anchirei; —los, *adj.*, fără anchiră.
Ankern, *v. a.*, a arunca anchira.
Anker=platz, *pl.* —plätze, *s. m.*, loc potrivit pentru aruncarea anchirei; —recht, *s. n.*, dreptul de a arunca anchira; —ring, *s. m.*, veriga anchirei; —schaufel, *s. f.*, colţ de anchiră; —seil, —tau, *s. n.*, fune de legat anchira; —winde, *s. f.*, scripeţ pentru tragerea anchirei; —zoll, *s. m.*, impositul anchiratului.
Anketteln, *v. a.*, a lega împletituri prin ochiuri.
Anketten, *v. a.*, a lega cu lanţ, a pune în lanţ; sich —, *v. r.*, a se alipi de cineva.
Ankind, *pl.* —er, *s. n.*, copil adoptiv; —en, *v. a.*, a adopta; —ung, *s. f.*, adopţiune.
Ankitten, *v. a.*, a lipi, a cimenta.
Anklagbar, *adj.*, acusabil.
Anklage, *pl.* —n, *s. f.*, învinuire, acusă, inculpare; —akt, *s. m.*, act de încusaţiune; —bank, *s. f.*, banca acusaţilor; —n, *v. a.*, a învinui, a acusa, a inculpa.
Ankläger, *s. m.*, învinuitor, acusator, inculpator; falscher —, detăimător, calumniator; —in, *s. f.*, învinuitoare; —isch, *adj.*, învinuitor, acusător.
Anklammern, *v. a.*, a înţepeni cu scoabe; sich —, *v. r.*, a se ţine ca scaiul de ceva.
Anklang, *pl.* —klänge, *s. m.*, acord, intonaţiune; —finden, a plăcĕ, a afla simpatii.
Ankleben, *v. n.*, a lipi; —, a se lipi; —d, *adj.*, lipicios, adherent.
Anklecksen, *v. a.*, a stropi cu noroiu.
Ankleiben, *v. a.*, a lipi (o hârtie).
Ankleid=en, *v. a.*, a îmbrăca: sich —, *v. r.*, a se îmbrăca; sich anders —, a'şi schimba

imbrăcămintea; —zimmer, s. n., cămară de îmbrăcat; —ung, s. f., îmbrăcare.

Ankleistern, r. a., a lipì, a clei.

Anklemmen, r. a., a stringe cătră ceva, a prinde cu scoabe.

Anklingeln, r. n., a suna clopoțelul (la uşe).

Anklingen, r. n. ir., a începe a suna, a acorda, a ciocni cu păharele.

Anklopfen, r. n., a bate la uşe; a prinde, a înțepeni ceva de ceva; bei Jemand —, a ispiti pre cineva; —er, s. m., ciocan la portă.

Anknallen, r. a., a mâna caii prin pocnituri de bicìu.

Anknebeln, r. a., a stringe pre cineva de gât, a'l sugruma.

Ankneipen, r. a., den Teig —, a suvoalge aluatul.

Anknöpfen, r. a., a imbumba, a încheiè cu nasturi.

Anknüpfen, r. a., a înnoda, a împreuna; ein Gespräch —, a începe un discurs.

Ankurren, r. a., a hârâi la cineva.

Anködern, r. a., a amăgì.

Ankommen, r. n. ir., a venì, a sosì, a ajunge, a nimerì; es kommt auf ihn an, atêrnă dela el; zu Pferde —, a veni călare; gut oder übel —, a fi bine sau rêu primit; es kommt ihm sauer an, îl costă multă ostăneală; der Schlaf kommt mich an, me prinde somnul; unrecht —, a nu o nimerì bine; es auf Etwas — lassen, a lăsa să ajungă la; es kommt darauf an zu wissen, este vorba de a sci; es kommt mich eine Lust an, îmi vine o poftă; es kommt mich die Furcht an, me prinde frica; hier kommt es aufs Geld an, aici se cer bani; bei mir kommt er nicht an, cu mine nu o scoate la cale, nu isprăvesce nimica; auf diese Kleinigkeit kommt es mir nicht an, de aceste nimicuri nu'mi pasă.

Ankömmling, pl. —e, s. m., străin, nou venit.

Ankoppeln, r. a., (die Hunde), a lega laolaltă cânii de vênat.

Ankrallen, r. a., a apuca cu ghiarele; sich —, r. r., a se acăța cu ghiarele.

Ankratzen, r. a., a sgârâia pe ceva.

Ankreiden, r. a., a incondeia cu creta.

Ankriechen, r. n. ir., a se apropiè têrâindu-se.

Ankündigen, r. a., a însciinţa, a vestì, a face cunoscut, a anuncia; Krieg —, a declara rêsboiu; —end, adj., însciințând, vestitor; —ung, s. f., însciințare, vestire, declarare, anunciu.

Ankunft, s. f., venire, sosire.

Ankuppeln, r. a., a lega, a însgărda; a votrì.

Anlächeln, r. a., a suride, a căuta la cineva suridênd; —, s. n., suridere.

Anlage, pl. —n, s. f., aclus; capital pus într'o speculă; talent, destoinicie, dispoziţiune naturală; desemn, schiţă; plantaţiune; —n, pl. grădină publică, parc.

tung *s. f.*, adorațiune; —betungswürdig, *adj.*, adorabil; —betteln, *r. a.*, a cerși dela cineva milă.

An-biegen, *r. a. ir.*, a apropié la alt corp; —bieten, *r. a.*, a îmbiè, a oferì; —, *r. n.*, a oferì, a licita.

Anbinden, *r. a. ir.*, a lega de ceva; mit Jemandem —, a se apuca de ceartă cu cineva; Jemandem einen Bären —, a purta pre cineva cu vorba.

Anbiß, *pl.* —sse, *s. m.*, muşcătură, gustare, dejun.

Anblasen, *r. a. ir.*, a sufla cătră, spre ceva; a sufla în trombiță.

Anblecken, *r. a.*, a rênjì dințiĭ de mănie.

Anblick, *s. m.*, privire, vedere, căutătură, spectacol; ein angenehmer —, o privire, privelişte plăcută; beim ersten —, la prima vedere; ein trauriger —, o tristă privire, un trist spectacol; —en, *r. a.*, a privì, a arunca o căutătură spre ceva.

Anblinken, } *r. a.*, a privì cu ochiĭ
Anblinzeln, } abia deschişì.

Anblöcken, *r. a.*, a mugì cătră cineva.

Anbohren, *r. a.*, a începe a sfredelì, a bortelì; —, *s. n.*, trepanațiune.

Anbot, *pl.* —e, *s. n.*, primul ofert.

Anbraten, *r. n.*, a începe a se frige, a se pârlì.

Anbrechen, *r. a. ir.*, ein Brod, eine Flasche Wein, a începe o pâne, o sticlă de vin; —, *r. n. ir.*, a începe a se ivì; der Tag bricht an, începe a se crepa de ḑioă; mit anbrechender Nacht, cu murgitul sereĭ; die Nacht bricht an, înscară.

Anbrennen, *r. a. ir.*, a aprinde, a da foc, a pârlì; a se arde, a se afuma; angebrannt riechen, a mirosì a afumat, a pârlit.

Anbringen, *r. a. ir.*, a pune, a aşeza, a aplica; a propune; seine Tochter wohl —, a'şi aşeza bine pre fiica sa; einen Spaß gut —, a aplica bine o glumă; eine Beschwerde —, a asterne o plânsoare; seine Waaren —, a'şi vinde marfa; gut angebracht, schlecht —, reu, bine potrivit; —er, *s. m.*, aşezător, pîrîtor, denunciant; —ung, *s. f.*, vênḑare; denunciare.

An-bruch, *pl.* —brüche, *s. m.*, ruptură, frântură; mit Tages—, în diorile, in murgitul ḑileĭ; —brüchig, *adj.*, stricat, putred, oțețit, stătut; der Wein wird —, vinul se oțețesce; —es Obst, poame putrede.

An-brühen, *r. a.*, a opărì cu apă feartă; —brüllen, *r. a.*, veḑĭ Anblöcken; —brummen, *r. a.*, a mormoì cătră ceva; brüten, *r. a.*, a începe a clocì; angebrütetes Eĭ, ou clocit.

Anciennetät, *s. f.*, prioritate.

Andacht, *s. f.*, evlavie, pietate, devoțiune; rugăciune; seine — verrichten, a'şi face rugăciunile.

Andächtelei, *s. f.*, fățărie, ipocrisie, evlavie mincinoasă.

Andächtig, *adj.*, evlavios, devot.

Andächtler, s. m., fățarnic, ipocrit; —in, s. f., ipocrită.

Andachts-buch, pl. —bücher, s. n., carte de rugăciune; —stunden, oare de meditațiuni religioase; —übungen, eserciții de pietate; —voll, adj., evlavios, devot.

Andalusi-en, s. n. (geogr.), Andalusia; —er, s. m., Andalusian; —erin, s. f., Andalusă.

Anden, s. f. pl. (geogr.) Anḑii; Condilierii Americei de Sud.

Andenken, s. n., pomenire, aducere aminte, memorie, suvenire; zum —, de aducere aminte, de suvenire; seligen —s, de pie memorie.

Ander, (der, die, das andere), pron. și adj., alt, alta, celalalt, ceealaltă, al doilea; eins in's —e gerechnet, una cu alta; ein Jahr um's —e, an după an; sich eines —n besinnen, a'și schimba părerea.

Ändern, v. a., a schimba, a corecta; sich —, v. r., a se schimba; a se preface.

Andern-falls, adj., în casul contrar, de altcum; —theils, adv., pe de altă parte.

Anders, adv., altmintrea; — werden, a se schimba.

Anderseits, adv., de altă parte.

Anderswo, adv., aiurea, altundeva; —woher, adv., de aiurea, de altundeva.

Anderthalb, adj., unu și jumătate.

Änderung, pl. —en, s. f., schimbare, mutare.

Ander-wärtig, adj. și adv., de altundeva, ulterior; —wärts, adv., vedi: Anderswo; —weitig, adv., vedi: Anderwärtig.

Andeut-en, v. a., a arăta, a însemna, a da să priceapă, a notifica; —ung, s. f., prevestire, arătare, notificare, presimțire.

Andicht-en, v. a., a scorni, a presupune; —ung, s f., scornire, născocire, presupunere.

Andonnern, v. a., a întimpina cu vorbe aspre.

Andorn, s. m. (bot.) catușnică.

Andorren, v. n., a se usca pe creangă.

Andrang, s. m., îndesuire; congestiune.

Andrängen, v. a., a îndesui.

Andräuen, v. n., vedi: Androhen.

Andrehen, v. a., a înțepeni prin învârtire.

Andringen, v. n. ir., a apropiè cu forța; das Blut dringt nach dem Kopfe an, sângele se sue la cap.

Androh-en, v. a., a amenința cu ceva; —ung, s. f., amenințare.

Andrucken, v. a., a adauga în tipar.

Andrücken, v. a., a apăsa.

Aneifer-n, v. a., a îndemna, a inima, a încuragia; —ung, s. f., îndemnare, încuragiare.

Aneign-en, v. a., a însuși cuiva ceva, a'i da; sich —, v. r., a'și apropria; —nung, s. f., însușire, apropriare.

Aneinander, adv., laolaltă; —fügen, v. a., a lega, a împreuna laolaltă; —grenzen, v. n., a se învecina; —grenzend, adj., vecin cu moșia, limitrof; —hängen, v. a., a acăța de ceva; a fi legat de cineva prin simțěminte; —paſſen, *v. a.*, a potrivi laolaltă; —ſtoßen, *v. n. ir.*, a se învecina; a se ciocni.

Ăneide, *s. f.*, Eneida (lui Virgil).

Anecdote, *pl.* —en, *s. f.*, anecdotă, istorioară.

Anecheln, *v. n.*, a se îngrețoșa, a se disgusta.

Anemone, *s. f.* (bot.), floarea pascilor, oiță.

Anempfehlen, *v. a.*, vedi: Empfehlen.

Anerben, *v. a.*, a'și immulți averea prin moștenire.

Anerbieten, *s. n.*, ofert.

Anerkennen, *v. a.*, a recunoasce, a mărturisi; —tniß, *s. f.*, apercepțiune; —ung, *s. f.*, recunoascere; gerichtliche —ung, legalisare; geſetzliche —ung, legitimațiune.

Anerschaffen, *v. a. ir.*, a crea, a fi dăruit dela natură; —, *adj.*, dăruit dela natură.

Anerziehen, *v. a.*, a inocula cuiva ceva prin educațiune.

Aneſſen, *v. r.*, a'și umplě pântecele cu mâncare.

Anfächeln, *v. a.*, a face vĕnt cu mâna, cu vĕnturarul.

Anfachen, *v. a.*, a ațița focul.

Anfädeln, *v. a.*, a înșira (mărgele).

An=fahren, *v. n. ir.*, a da cu trăsura preste ceva; a ajunge la țĕrm; Jemanden hart —, a întempina pre cineva cu cuvinte aspre, a'l înfrunta; angefahren kommen, a sosi în trăsură; —fahrt, *s. f.*, sosire, intrare (cu trăsura).

Anfall, *pl.* —fälle, *s. m.*, cădere, lovire, pălire, atac, asalt; Schlagfluß—, atingere, lovitură de apoplecsie; —en, *v. a. ir.*, a isbi, a se arunca, a se repedi asupra cuiva, a ataca; es fällt mich eine Krankheit an, mĕ simt atacat de o boală; der Hund fällt alle Leute an, cânele acesta atacă pre toți oamenii; ihm ist eine Erbschaft angefallen, el a făcut a moștenire; —srecht, *s. n.*, dreptul de succesiune.

An=fang, *pl.* —fänge, *s. m.*, început, origine, cap; den — machen, a face începutul, a începe; im —e, întru început; vom —e bis zum Ende, dela început pănă la sfêrșit; —fänge, *pl.* începuturi, elemente, principii; —fangen, *v. a. și n. ir.*, a începe; ich weiß nicht was ich — soll, nu sciu ce să me fac; es ist nichts mit ihm anzufangen, n'ai ce isprăvi cu el, nu e bun de nimica; das Gespräch wieder —, a reînnoi conversațiunea; einen Prozeß —, a trage pre cineva la judecată, a intenta un proces; — zu lachen, a se pune pe ris.

Anfäng=er, *s. m.*, începĕtor, învĕțăcel, noviț; —erin, *s. f.*, incepĕtoare, noviță; —lich, *adj.* și *adv.*, prim; la început, dintr'ântêi.

Anfangs, *adv.*, la început; gleich —, îndată la început; —buchstabe, *s. m.*, literă inițială, capitală; —geschwindigkeit, *s. f.* (fis.), iuțeală inițială; —gründe, *s. f. pl.*, elemente, principii; —unterricht, *s. m.*, învĕțământ primar.

Anfassen, v. a., a prinde, a apuca cu mâna.

Anfaulen, v. n., a începe a putredi, a se strica.

Anfechtbar, adj., contestabil.

Anfechten, v. a., a combate, a ataca, a contesta; die Giltigkeit eines Testaments —, å contesta validitatea unui testament; was ficht dich au, ce'ți plesnesce prin gând, ce te apucă? —ung, s. f., contestațiune; tentațiune, ispită.

Anfeilen, v. a., a pili linișor.

Anfeinden, v. a., a avè inimiciție cătră cineva; a'i fi dușmănos; —ung, s. f., inimiciție, dușmănie.

Anfertigen, v. a., vedi: Verfertigen.

Anfesseln, v. a., a încătușa, a pune în fere.

Anfetten, v. a., a pune grăsime în ceva.

Anfeuchten, v. a., a umedi, a uda, a muiè; —ung, s. f., umedire, udare.

Anfeuern, v. a., a face foc, a aprinde; a înflăcăra, a ațița curagiul, a încuragia; —ung, s. f., încuragiare, excitare.

Anflammen, v. a., a pârli pe flacără; a înflăcăra; —flattern, v. n., a se apropiè fluturând.

Anflechten, v. a. ir., a împreuna prin împletit.

Anflehen, v. a., a ruga, a implora, invoca, a suplica; —ung, s. f., rugăciune ferbinte, invocare.

Anflicken, v. a., a coase un petec, a peteci, a cârpi.

Anfliegen, v. n., a se apropiè sburând; die Fenster fliegen an, ferestrile se îmbureazã; ein

zartes Roth fliegt ihre Wangen an, o fragedă roșeață îi trece preste obraz.

Anfließen, v. n. ir., a curge; das Wasser fließt an, apa cresce.

Anflößen, v. a., a apropiè prin plutire; a transporta la țerm lemne, petri etc.; —ung, s. f., plutire; aluviu, nomolitură.

Anflug, pl. —flüge, s. m., sbor; bură (pe ferești); floare, eflorescență.

Anfluß, pl. —flüsse, s. m., crescerea apelor; aluviune, nomolitură.

Anforderung, pl. —en, s. f., cerere, pretensiune.

Anformen, v. a., a da cuiva o formă, a forma.

Anfrage, pl. —n, s. f., întrebare; bei Jemandem eine — thun, a se informa despre ceva dela cineva; —n, v. a., a întreba, a se informa; um Erlaubniß —, a cere permisiunea.

Anfressen, v. a. ir., a începe a roade la ceva; sich —, v. r., a se îndopa.

Anfrieren, v. n. ir., a înghieța; a înghieța de ceva.

Anfrischen, v. a., a împrospăta; a îmbărbăta.

Anfuge, pl. —n, s. f., vedi: Beilage.

Anfügen, v. a., a alătura, a adauge; a încleșta: —ung, s. f., alăturare; încleștare, înțepenire.

Anfühlen, v. a., a pipăi; —, s. n., pipăire, pipăit.

Anfuhre, s. f., cărăușie.

Anführen, v. a., a conduce, a comanda (o armată); a alega,

a cita; a inșela; —er, *s. m.*, conducětor, director, comandant, șef; Inșelător: —erei, *s. f.*, veḑi: Betrügerei; —ung, *s. f.*, conducere, comandă; citațiune, alegațiune; inșelare; —ungșzeichen, *s. f. pl.*, semnele citațiunei.

Anfüll=en, *r. a.*, a umple; sich —, a se umple de mâncare și beutură; —ung, *s. f.*, umplere, umplétură.

Anfurt, *pl.* —en, *s. f.*, loc de descărcat la mare, vad.

Angabe, *pl.* —en, *s. f.*, arvună; spusă, raport, denunciare; plan, proiect; jeiner — nach, după spusele lui; — des Inhaltes eines Padetes, declarațiunea cuprinsului unui pachet.

Angabeln, *v. a.*, a apuca cu furcuța.

Angaff=en, *r. a.*, a se uita cu gura căscată; —er, *s. m.*, gură căscată.

Angähnen, *r. a.*, a'i căsca cuiva în față.

Angeb=en, *r. a.*, a da arvună; a arăta, a proiecta; Jemanden —, a denuncia pre cineva; den Ton —, a da tonul (in musică); Beweise —, a produce argumente; sein Vermögen —, a face arětare despre averea sa, a'și declara averea; sich —, *r. r.*, a se denuncia, a se acusa; —er, *s. m.*, denunciant; inventor, autor; —erei, *s. f.*, denunciațiune; —erin, *s. f.*, denunciantă; —zettel, *s. m.*, bilet de declarațiune.

Angebinde, *s. n.*, dar, present.

Angeblich, *adj.*, după cum se presupune.

Angeboren, *adj.*, înnăscut, natural, firesc.

Angebot, *pl.* —e, *s. n.*, primul ofert.

Angebung, *s. f.*, veḑi: Angabe.

Angedeihen laffen, *r. a. ir.*, a concede, a acorda.

Angedenken, *r. n.*, veḑi: Andenken.

Angehänge, *s. n.*, apendice, adnecse; scule ce se atěrnă de ceva.

Angehen, *r.n.ir.*, a începe; die Vorlesung wird bald —, prelegerea se va începe îndată; was geht das dich an? ce'ți pasă; er geht mich nichts an, n'am d'a face cu el, nu'l cunosc de fel; das wird nicht —, aceasta nu se va pute face; das Feuer geht an, focul se aprinde; das Fleisch geht an, carnea începe a se putredi; —, *r. a. ir.*, Jemanden —, a cere ajutor dela cineva, a se adresa la cineva; —b, *adj.*, începětor; mit —dem Sommer, cu începutul verei; bei —der Nacht, la apropierea nopții; ein —der Lehrer, un începětor în ale învěțătoriei; ein —der Schüler, un scolar începětor; —b, *conj.*, în ce privesce, cât pentru.

Angehör, *s. n.*, proprietate; —en, *r. n.*, a aparține, a fi al cuiva; —ig, *adj.*, aperținěnd, fiind al cuiva; —ige, *s. m. pl.*, consângeni, rudenii.

Angeifern, *r. a.*, veḑi: Begeifern.

Angeklagte, *s. m. și f.*, acusat, pîrît; acusată, pîrîtă.

Angel, *s. f.,* țițină; undiță; mit der — fischen, a pescui cu undița; zwischen Thür und —, între ciocan și nicoval; —band, *s. n.,* peantă.

Angeld, *s. n.,* arvună, capară.

Angelegen, *adj.,* sich Etwas — sein lassen, a se interesa prea mult de ceva; —heit, *s. f.,* treabă, afacere; der Minister der auswärtigen —heiten, ministrul afacerilor esterne; —tlich, *adr.,* cu intețire, urgent; sich —tlich nach Jemanden erkundigen, a se interesa mult de cineva.

Angelegt, *adj.,* pus, așezat, întogmit: —es Feuer, foc pus într'adins, cu scop rĕu.

Angel-fisch, *s. m.* (zool.), raie; —fischerei, *s. f.,* pescuitul cu undița; —haken, *s. m.,* undița.

Angelika, *s. f.* (bot.), vedi: Engelwurz.

Angelleine, *s. f.,* vedi: Angelschnur.

Angeln, *v. a.,* a pescui cu undița, a prinde cu undița.

Angeloben, *v. a.,* a promite sĕrbătoresce: —gelobung, *s. f..* —gelöbniß, *s. n.,* promisiune sĕrbătorească.

Angel-plaß, *pl.* —plätze, *s. m.,* loc pentru a prinde pesci cu undița; —ruthe, vērgea de undiță; —schnur, *s. f.,* cordea, sfoară de undiță.

Angelsächsisch, *adj.,* anglosacson.

Angelweit, *adj.,* deschis de tot; das Maul — aufsperren, a căsca gura până la urechi.

Angemessen, *adj.,* cuvenit, conform, convenabil, proporționat; —heit, *s. f.,* cuviință, conformitate.

Angenehm, *adj.* și *adv.,* plăcut, gustuos, delicios, frumos.

Anger, *s. n.,* fēnaț, rît; —blume, *s. f.* (bot.), talpa găscei, ghisdeiu; —recht, *s. n.,* dreptul de păsune.

Angeregt, *adj.,* pus în discusiune.

Angerissen, *adj.,* chefuit.

Angesehen, *adj.,* insemnat, respectat, notabil, considerabil; — sein, a fi respectat.

Angesessen, *adj.,* așezat, statorit cu locuința.

Angesicht, *pl.* —er, *s. n.,* față, vedere; mutră; im —, in fața cuiva, in presența lui; von — zu —, față în față; —s, *adr.,* in fața, in presența cuiva.

Angesteckt, *adj.,* molipsit, infectat.

Angewäge, *s. n.,* căpětăiu de fus.

Angewandt, *adj.,* aplicat.

Angewöhnen, *v. a.,* a obicinui, a deprinde; sich Etwas —, a se deda, a se obicinui la ceva; —gewohnheit, *pl.* —en, *s. f.,* obicinuință, invĕț.

Angießen, *v. a. ir.,* a vĕrsa, a uda; das Kleid sitzt wie angegossen, haina aceasta 'ți șade ca turnată.

Angirren, *v. a.,* a ofta după cineva.

Anglicismus, *pl.* —men, *s. m.,* anglicism.

Anglikanisch, *adj.,* anglican.

Anglisiren, *v. a.,* a tăiè coada cailor.

Anglotzen, *v. a.,* a se inholba la cineva.

Angränzen, *r. n.*, vedi: **Angrenzen**.

Angreifbar, *adj.*, atacabil.

Angreif=en, *r. a. ir,,* a apuca, a prinde cu mâna; a ataca; a slăbì, a roade; die Augen —, a ostănì ochii; Jemandes Ehre —, a se atinge de onorul cuiva; den Feind —, a ataca pre inimic; anvertraute Gelder —, a dilapida bani; Jemandes Meinung —, a combate părerile cuiva; eine Sache wohl —, a incepe bine un lucru; nicht wissen eine Sache anzugreifen, a nu sci cum să încępi un lucru; die Krankheit hat ihn angegriffen, boala 'l a slăbit foarte; sich —, *r. r.*, a se ostănì; —end, *adj.*, agresiv, ofensiv; —er, *s. m.*, atăcător, agresor.

Angrenz=en, *r. n.*, a se învecina, a se mărginì; —end, *adj.*, învecinat, limitrof; —ung, *s. f.*, margini, confinii.

Angriff, *pl.* —e, *s. m.*, năvălire, năvală, atac, asalt; einen — machen, a da năvală, a ataca; —swaffe, *s. f.*, armă de asalt, ofensivă; —sweise, *adj.*, ofensiv.

Angrinsen, *r. a.*, a rînjì dinţii privind la cineva.

Angrunzen, *r. a.*, a grohotì cătră cineva.

Angst, *pl.* Ängste, *s. f.*, frică, teamă, spaimă, neodihnă; ich habe —, 'mi e teamă; Jemandem — machen, a spărie pre cineva; mir wird —, 'mi e frică; in tausend Ängsten sein, a se înspăimenta de moarte; —geschrei, *s. n.*, strigăt dureros.

Ängstig, *adj.*, fricos, îngrijat; —en, *r. a.*, a neodihnì, a înfrica; sich —en, *r. r.*, a se necăjì, a se frěmenta cu frica; —ung, *s. f.*, frică, nelinisce, turmentare.

Ängstlich, *adj. şi adv.*, neodihnit, foarte îngrijat, timid; —keit, *s. f.*, neodihnă, timiditate.

Angst=ruf, *s. m.*, vedi: Angstgeschrei; —schweiß, *s. m.*, sudori reci de frică; —voll, *adj.*, fricos, spăimentat.

Angucken, *r. a.*, a se uita la cineva.

Angürten, *r. a.*, a încinge.

Anguß, *pl.* —güsse, *s. m.*, parte de metal înnădită prin turnătură.

Anhaben, *r. a.*, a avè pe sine, a purta (haine), a fi îmbrăcat; Jemandem Etwas —, a face cuiva rĕu.

Anhacken, *r. a.*, a lovì cu sapa.

Anhaften, *r. n.*, a se lega de ceva, a sta lipit de ceva.

Anhäkeln, *r. a.*, a acăţa, a încârliga.

Anhaken, *r. a.*, a înţepenì cu cârlige.

Anhalftern, *r. a.*, a lega cu căpěstrul.

Anhalsen, *r. a.*, a pune sgarda cânilor.

Anhalt, *pl.* —e, *s. m.*, oprire; sprijoană; —en, *r. a. ir.*, a ţinè de aproape; a oprì; Jemanden zur Arbeit —, a deprinde pre cineva la lucru, a'l face să lucre; —en, *r.n.ir.*, a ţinè timp mai îndelungat, a continua; a cere; um ein Amt —, a umbla după o dregătorie; um cin Mädchen —, a peți o fată; sich —en an Etwas, r. r., a se ține de ceva, a se sprijini; —en, s. n., oprire, reținere; solicitare, pețire; continuitate; —end, adj., continuu, stăruitor.

Anhalte-fette, pl. —n, s. f., opritoare la ham; —punkt, s. m., radim, sprijoană, stațiune.

Anhalter, s. m., cârlig.

Anhaltsam, adj., stăruitor, continuu; —keit, s. f., stăruința, asiduitate.

Anhämmern, r. a., a împreună cu ciocanul.

Anhang, pl. —hänge, s. m., adaus, suplement, apendice: partită, facțiune; einen großen — haben, a ave mulți partisani; —en, r. n., a se ține de ceva; a spânzura de ceva; einer Partei —, a se ține de partita cuiva.

Anhängen, r. a., a acăța ceva; Jemandem Etwas —, a'i juca cuiva o festă; sich —, r. r., a se acăța de ceva; sich an Jemanden —, a se acăța, a se lega de cineva.

Anhangend, adj., atèrnător, inherent.

Anhänger, s. m., partisan, aderent; acățător; —ig, adj., pendent, dependent; einen Prozeß —ig machen, a face proces in contra cuiva; —lich, adj., alipit, aplecat; —lichkeit, s. f., aplecare, devotare, afecțiune; —sel, s. n., adausuri; coadă.

Anharken, r. a., a grebla.

Anhau, s. m., prima lovitură cu sapa, cu sêcurea.

Anhauchen, r. a., a sufla lin spre ceva; a inspira.

Anhauen, r. a., a începe ceva cu lovituri de sěcure.

Anhäufeln, r. a., a face grămejoare; a săpa cartofi etc.

Anhäufen, r. a., a grămădi, a stringe; sich —, r. r., a se grămădi, a se stringe, a se înmulți; —ung, s. f., grămădire, acumulațiune.

Anheben, r. n., a începe.

Anheften, r. a., a încopcia; a prinde cu cuie; a prinde cu impunsěturi mari.

Anheilen, r. n., a se vindeca.

Anheim, adv., acasă; —fallen, a se împărtăși; Jemandem Etwas —stellen, a lăsa ceva la disposițiunea cuiva.

Anheischig, adv., sich zu Etwas — machen, a se obliga la ceva, a se angaja.

Anhelfen, r. a. ir., a ajuta cuiva să se imbrace.

Anher (**Anhero**), adv., incoace, aici.

Anhetzen, r. a., a sumuța cânii; a sumuța pre cineva in contra altuia, a întărita; —er, s. m., sumuțător, întărîtător; —ung, s. f., sumuțare, ațițare, întăritare.

Anhieb, pl. —e, s. m., prima lovitură; dărîmătură.

Anhöhe, pl. —n, s. f., înălțime, colină, măgură.

Anhören, r. a., a asculta cu luare aminte; —ung, s. f., ascultare (de martori).

Anhüpfen, *v. a.*, a veni sărind, săltând.

Animalisch, *adj.*, animalic; —**ismus,** *s. m.*, animalitate.

Anis, *s. m.* (bot.), anason; —**apfel,** *s. m.*, măr posmăgel; —**branbwein,** *s. m.*, rachiu făcut cu anason; —**öl,** *s. n.*, uleu de anason.

Anjagen, *v. n.*, a veni în fuga mare.

Anjochen, *v. a.*, a înjuga, a pune în jug.

Ankämpfen, *v. n.*, a lupta contra cuiva.

Ankauf, *pl.* —**käufe,** *s. m.*, cumpărare; —**en,** *v. a.*, a cumpăra; **sich** —, *v. r.*, a'și cumpăra undeva moșie.

Ankäufer, *s. m.*, cumpărător.

Ankaufung, *pl.* —**en,** *s. f.*, cumpărare.

Ankeilen, *v. a.*, a înțepeni cu icuri, a împena.

Anker, *s. n.*, ancliră; ancoră; **ben** — **werfen,** a arunca, a cufunda anchira; **die** — **lichten,** a ridica anchira însus.

Ankerben, *v. a.*, a face o crestătură, a recli; a canela.

Anker-boje, *s. f.*, semnul anchirei, plută pentru însemnarea locului anchirei; —**fest,** *adj.*, înțepenit cu anchira; —**grund,** *s. m.*, loc potrivit pentru a arunca anchira; —**haken,** *s. m.*, cârligul anchirei; —**kreuz,** *v. n.*, crucea anchirei; —**los,** *adj.*, fără anchiră.

Ankern, *v. a.*, a arunca anchira.

Anker-platz, *pl.* —**plätze,** *s. m.*, loc potrivit pentru aruncarea anchirei; —**recht,** *s. n.*, dreptul de a arunca anchira; —**ring,** *s. m.*, veriga anchirei; —**schaufel,** *s. f.*, colț de anchiră; —**seil,** —**tau,** *s. n.*, fune de legat anchira; —**winde,** *s. f.*, scripeț pentru tragerea anchirei; —**zoll,** *s. m.*, impositul anchiratului.

Anketteln, *v. a.*, a lega împletituri prin ochiuri.

Anketten, *v. a.*, a lega cu lanț, a pune în lanț; **sich** —, *v. r.*, a se alipi de cineva.

Ankind, *pl.* —**er,** *s. n.*, copil adoptiv; —**en,** *v. a.*, a adopta; —**ung,** *s. f.*, adopțiune.

Ankitten, *v. a.*, a lipi, a cimenta.

Anklagbar, *adj.*, acusabil.

Anklage, *pl.* —**n,** *s. f.*, învinuire, acusă, înculpare; —**akt,** *s. m.*, act de încusațiune; —**bank,** *s. f.*, banca acusaților; —**n,** *v. a.*, a învinui, a acusa, a înculpa.

Ankläger, *s. m.*, învinuitor, acusator, înculpator; **falscher** —, detăimător, calumniator; —**in,** *s. f.*, învinuitoare; —**isch,** *adj.*, învinuitor, acusător.

Anklammern, *v. a.*, a înțepeni cu scoabe; **sich** —, *v. r.*, a se ține ca scaiul de ceva.

Anklang, *pl.* —**klänge,** *s. m.*, acord, intonațiune; —**finden,** a plăcè, a afla simpatii.

Ankleben, *v. n.*, a lipi; —, a se lipi; —**d,** *adj.*, lipicios, adherent.

Ankleckern, *v. a.*, a stropi cu noroiu.

Ankleiben, *v. a.*, a lipi (o hârtie).

Ankleiden, *v. a.*, a îmbrăca: **sich** —, *v. r.*, a se îmbrăca; **sich anders** —, a'și schimba îmbrăcămintea; —zimmer, s. n., cămară de îmbrăcat; —ung, s. f., îmbrăcare.

Ankleistern, v. a., a lipì, a clei.

Anklemmen, v. a., a strînge cătră ceva, a prinde cu scoabe.

Anklingeln, v. n., a suna clopoțelul (la ușe).

Anklingen, v. n. ir., a începe a suna, a acorda, a ciocni cu păharele.

Anklopfen, v. n., a bate la ușe; a prinde, a înțepeni ceva de ceva; bei Jemand —, a ispiti pre cineva; —er, s. m., ciocan la portă.

Anknallen, v. a., a mâna caii prin pocnituri de biciu.

Anknebeln, v. a., a strînge pre cineva de gât, a'l sugruma.

Ankneipen, v. a., den Teig —, a suvoalge aluatul.

Anknöpfen, v. a., a îmbumba, a încheiè cu nasturi.

Anknüpfen, v. a., a înnoda, a împreuna; ein Gespräch —, a începe un discurs.

Anknurren, v. a., a hărăi la cineva.

Anködern, v. a., a amăgi.

Ankommen, v. n. ir., a veni, a sosi, a ajunge, a nimeri; es kömmt auf ihn an, atârnă dela el; zu Pferde —, a veni călare; gut oder übel —, a fi bine sau rău primit; es kömmt ihm sauer an, îl costă multă ostăneală; der Schlaf kömmt mich an, me prinde somnul; unrecht —, a nu nimeri bine; es auf Etwas — lassen, a lăsa să ajungă la; es kömmt darauf an zu wissen,

este vorba de a sci; es kömmt mich eine Lust an, îmi vine o poftă; es kömmt mich die Furcht an, me prinde frica; hier kömmt es aufs Geld an, aici se cer bani; bei mir kömmt er nicht an, cu mine nu o scoate la cale, nu isprăvesce nimica; auf diese Kleinigkeit kömmt es mir nicht an, de aceste nimicuri nu'mi pasă.

Ankömmling, pl. —e, s. m., străin, nou venit.

Ankoppeln, v. a., (die Hunde), a lega laolaltă cânii de vânat.

Ankrallen, v. a., a apuca cu ghiarele; sich —, v. r., a se acăța cu ghiarele.

Ankratzen, v. a., a sgărăia pe ceva.

Ankreiden, v. a., a încondeia cu creta.

Ankriechen, v. n. ir., a se apropiè tărăindu-se.

Ankündigen, v. a., a însciința, a vesti, a face cunoscut, a anuncia; Krieg —, a declara răsboiu; —end, adj., însciințând, vestitor; —ung, s. f., însciințare, vestire, declarare, anunciu.

Ankunft, s. f., venire, sosire.

Ankuppeln, v. a., a lega, a însgărda; a votri.

Anlächeln, v. a., a suride, a căuta la cineva suridênd; —, s. n., suridere.

Anlage, pl. —n, s. f., aclus; capital pus într'o speculă; talent, destoinicie, disposițiune naturală; desemn, schiță; plantațiune; —n, pl. grădină publică, parc.

Anlallen, *v. a.*, a găngăi, a bâlbâi către cineva.

Anlände, *s. f.*, loc de desbarcat, schelă.

Anländ=en, *v. n.*, a eşì la uscat, a desbarca; —ung, *s. f.*, desbarcare.

Anlangen, *v. n.*, a ajunge, a sosì; —, *v. a.*, a privì; was mich anlangt, cât pentru mine, cât me privesce; —b, *adj.*, ce atinge, încât pentru.

Anlaschen, *v. a.*, a semna un arbore, a descorța.

Anlaß, *pl.* —lässe, *s. m.*, îndemn, motiv, causă; — zu Etwas geben, a servì de îndemn la ceva, a da ansă la ceva.

Anlassen, *v. a. ir.*, a lăsa; a slobodì cânii; a abate apa; a deschide stavila; das Eisen —, a călì ferul; Jemanden hart —, a întimpina pre cineva cu vorbe aspre; —, *v. n.*, a avè aparența, a da speranță; die Sachen lassen sich gut an, trebile merg bine, promit resultat bun.

Anlauf, *pl.* —läufe, *s. m.*, repedire, năvală, asalt, acurgere; —en, *v. n. ir.*, a venì alergând; a se repedì, a da la uscat; a cresce (apa); a prinde ghiață, rugină; die Füße sind mir angelaufen, 'mi s'au umflat picioarele; —, *v. a.*, Jemanden um Etwas —, a nepăciuì pre cineva cu rugări.

Anlaut, *pl.* —e, *s. m.*, vocală inițială.

Anläuten, *v. a.*, a trage clopotul.

Anleg=en, *v. a.*, a pune, a așeza, a planta; Feuer —, a pune foc, a aprinde o casă; Fett —, a se îngrășa; einen Garten —, a planta, a întocmì o grădină; ein Kapital —, a eloca, a pune un capital pe interese; Ketten —, a pune în cătuși, în fere; ein Kleid —, a îmbrăca o haină: den Zaum —, a pune freul: —, *v. n.*, a eșì la țĕrm; sich —, *v. r.*, a se răzima de ceva; —schloß, *pl.* —schlösser, *s. n.*, lăcat de mână, portativ; —ung, *pl.* —en, *s. f.*, așezare, întocmire, plantare.

Anlehen, *s. n.*, împrumut.

Anlehnen, *v. a.*, a răzima, a proptì; sich —, *v. r.*, a se răzima.

Anleihe, *s. f.*, vedì: Anlehen; —n, *v. a.*, a împrumuta sume mai mari.

Anleimen, *v. a.*, a cleì.

Anleit=en, *v. a.*, a da îndreptare, a arăta, a manuduce; —ung, *s. f.*, îndreptare, manuducere, instrucțiune, direcțiune.

Anlenken, *v. a.*, a dirige, a conduce.

Anlernen, *v. a.*, sich Etwas —, a se deda cu ceva.

Anliegen, *v. n. ir.*, a fi învecinat, a fi aproape; a se lipì, a sta răzimat; es liegt mir daran, 'mi zace la inimă, me interesează; es liegt mir nicht viel daran, puțin îmi pasă; sich Etwas angelegen sein lassen, a purta grije deosebită de ceva; —, *s. n.*, alipire; îngrijire, interesare; ein — haben, a avè o dorință.

Anloden—Annehmen 51

Anlocken, v. a., a atrage, a ademeni, a amăgi; —ung, s. f., ademenire, momeală, seducere.

Anlöthen, v. a., a înnădi fer etc.; a plumbui.

Anlügen, v. a., a spune minciuni, a minți pre cineva.

Anmachen, v. a., a lega, a întepeni, a amesteca; Feuer anmachen, a face foc, a aprinde focul.

Anmahnen, v. a., a îndemna pre cineva la un lucru bun.

Anmalen, v. a., zugrăvi pe ceva.

Anmarsch, pl. — märsche, s. m., apropiere, sosire (de trupe); —iren, v. n., a sosi, a se apropiè.

Anmaßen, sich, v. r., a'și însuși, a'și atribui, a pretinde, a'și aroga ceva; —end, adj., —lich, adj., arogant, pretențios; —ung, s. f., sumeție, pretențiune, aroganță.

Anmauern, v. a., a împreuna un zid de altul, o zidire de alta.

Anmelden, v. a., a însciința, a face cunoscut, a avisa, sich —, v. r., a se însciința, a se presenta; —ung, s. f., însciințare, notificare.

Anmengen, v. a., a amesteca.

Anmerken, v. a., a însemna, a nota, a adnota, a observa; —er, s. m., comentator; —ung, s. f., însemnare, notă, observațiune; —ungen machen, a face adnotări.

Anmessen, v. a. ir., a lua măsura (pentru o haină).

Anmischen, v. a., vedi: Anmengen.

Anmurren, v. a., a murmura, a borbota încontra cuiva.

Anmuth, s. f., plăcere, farmec, grație, nuri; —en, v.,n., vedi: Ansinnen, Zumuthen; —ig, adj. și adv., atrăgător, plăcut, desfătat, delicios; —ung, s. f., vedi; Zumuthung.

An-nadeln, v. a., a prinde cu ace; —nageln, v. a., a prinde cu cuie, a pironi; er sitzt wie angenagelt, șede ca pironit

An-nähen, v. a., a coase ceva, a înnădi; —nähern, v.a., a apropiè; sich —nähern, v. a., a se apropiè, a'semăna; —nähernd, adj., apropiat, aprocsimativ; —näherung, s. f., apropière.

Annahme, s. f., priimire, acceptare; — an Kindesstatt, adopțiune.

Annalen, s. f., pl. anale, chronică.

Annalist, s. m., analist, chronist.

Annehmbar, adj., de priimit, acceptabil.

Annehm-en, v. a. ir., a priimi, a lua, a accepta; a aproba; a presupune; einen Auftrag —, a se însărcina cu o comisiune; Besuch —, a priimi visite; Geschenke —, a priimi daruri; an Kindesstatt —, a adopta; eine Meinung —, a aproba o opiniune; als eine Wahrheit —, a recunoasce de adevěr; einen Wechsel —, a accepta o poliță; wir wollen —, daß, să presupunem că; nicht —, a refusa, a nu priimi; sich einer Sache —, a se interesa de ceva, a prinde partea unei persoane; —er,

4*

s. m., priimitor, acceptant; —lid), *adj.* şi *adr.*, de priimit, acceptabil; —lidjfeit, *s. f.*, plăcere, graţie; —ung, *s. f.*, priimire, acceptare.

Anneigen, *r. n.*, a închina cătră olaltă; —b, *adj.*, convergent.

Annefteln, *r. a.*, a încopcia.

Annetzen, *r. a.*, a uda, a stropi.

Annicken, *r. a.*, a saluta dând din cap.

Annietben, *r. a.*, a ţintui.

Annod), *adr.*, încă.

Annuliren, *r. a.*, a anula, a nimici, a desfiinţa.

Anöhlen, *r. a.*, a unge cu uleu.

Anomalie, *pl.* —en, *s. f.*, neregularitate, anomalie.

Anonym, *adj.*, nenumit, anonim.

Anorb·nen, *r. a.*, a dispune, a da ordin, a ordina, a regula, a aranja, a demanda; a ficsa, a hotărî; —ner, *s. m.*, regulator; —nung, *s. f.*, ordonanţă, dispoziţiune, regulament.

Anorganifd), *adj.*, anorganic.

Anpacken, *r. a.*, a apuca, a pune mâna, a prinde.

Anpappen, *r. a.*, a lipi cu cir de făină.

Anpaffen, *r. a.*, a întocmi, a acomoda, a adopta; —enb, *adj.*, conform: —ung, *s. f.*, întocmire, acomodare, adaptare.

Anpfählen, *r. a.*, a înţepeni, a lega de pari.

Anpfeifen, *r. a.*, a şuiera cătră cineva.

Anpflanzen, *r. a.*, a sădi, a planta, a colonisa; —ung, *s. f.*, plantaţiune, colonie.

Anpflöcken, *r. a.*, a înţepeni cu pociumpi.

Anpflügen, *r. a.*, a începe a ara, a împreuna prin arat un loc cu altul.

Anpfropfen, *r. a.*, a altui.

Anpicken, *r. a.*, a încioca, a posăi.

Anpochen, *r. a.*, a bate (la uşe).

Anprallen, *r. n.*, a se isbi, a se lovi de ceva.

Anpreifen, *r. a.*, a lăuda, a recomanda.

Anprellen, *r. a.*, a arunca cătră ceva, ca să sară îndărăt; a înşela pre cineva.

Anpreffen, *r. a.*, apăsa spre ceva.

Anprobiren, *r. a.*, a încerca, a proba un vestmênt.

Anpunkten, *r. a.*, a însemna cu puncte.

Anpuţ, *pl.* —e, *s. m.*, găteală, chiteală; —en, *r. a.*, a găti, a chiti.

Anquicken, *r. a.*, a amalgama.

Anrammeln, *r. a.*, a înţepeni prin bătaie cu maiul.

Anranken, fid), *r. r.*, a se încurpeni, a se lega de ceva cu cârcei.

Anraffeln, *r. n.*, a sosi cu sgomot.

Anrathen, *r. a. ir.*, a svătui pre cineva, a'i da svat; —, *s. n.*, svat, consiliu; auf mein —, la svatul, după svatul meu.

Anraudjen, *r. a.*, a afuma ceva; fid) —, *r. r.*, a se afuma.

Anräudjer·n, *v. a.*, a afuma; a tămâiè; —ung, *s. f.*, afumare, tămâiere.

Anraufdjen, *r. n.*, a veni cu sgomot.

Anredjnen, *r. a.*, a pune, a trece în socoteală, a computa; a atribul; Jemanbem Etwas als Fehler —, a imputa cuiva o greșeală; sich Etwas zur Ehre —, a'și face o cinste din ceva.

Anrede, *pl.* —n, *s. f.*, cuvênt, cuvêntare; —n, *v. a.*, a adresa cuiva cuvêntul, a'l apostrofa, a'l întîmpina cu vorba.

Anregen, *v. a.*, a deștepta, a îndemna, a îmboldì; Etwas —, a da impuls pentru ceva; —ung, *s. f.*, îndemn, îmbold.

Anreiben, *v. a.*, a freca un lucru de altul.

Anreihen, *v. a.*, a înșira, a înfira.

Anreißen, *v. a.*, a începe a rupe, a dărîma.

Anreiten, *v. n.*, a lovì în ceva călărind; angeritten kommen, a veni călăre; —, *v. a.*, ein Pferd, a încăleca calul pentru prima oară, a dresa.

Anreiz, *pl.* —e, *s. m.*, ațițare, întețitură, impulsiune, provocațiune, invitațiune; plăcere, atragere; —en, *v. a.*, a îmboldì, a irita, a stimula; —end, *adj.*, atrăgêtor; ațițător; —ung, *s. f.*, ațițătură, impuls, îmbold.

Anrennen, *v. a. ir.*, a lovì în ceva alergând, a veni alergând.

Anrichten, *v. a.*, a așeza, a drege, a gătì; die Speisen —, a drege bucatele, a pune bucatele pe masă; Unheil —, a face un mare rêu; —er, *s. m.*, pregătitor; —tisch, *pl.* —e, *s. m.*, masă de cuină, credență.

Anriechen, *v. a. și n. ir.*, a mirosì, a cunoasce din, după miros.

Anriegeln, *v. a.*, a împreuna cu verigi.

Anritt, *pl.* —e, *s. m.*, apropiere călare; atac.

Anritzen, *v. a.*, a sgărăiè ceva ușor.

Anrollen, *v. a. și n.*, a venì, a se da de a dura.

Anrosten, *v. n.*, a se înruginì.

Anröthein, *v. a.*, a trage cu căneală roșie pe ceva.

Anrüchig, *adj.*, bănuit de rêu, defăimat.

Anrücken, *v. n.*, a se apropiè, a înainta; der Winter rückt an, earna s'apropie; den Tisch an die Wand —, a apropiè masa la părete; —ung, *s. f.*, apropierea, înaintarea unei armate.

Anrudern, *v. a.*, a se apropiè vâslând.

Anruf, *pl.* —e, *s. m.*, chiemare, apel; —en, *v. a.*, a striga la cineva; a invoca, a implora; Jemanden um Hilfe —, a cere, a implora ajutorul cuiva; zum Zeugen —, a chiema pre cineva ca martor; —ung, *s. f.*, chiemare, invocațiune, apel.

Anrühmen, *v. a.*, a lăuda, a recomanda.

Anrühren, *v. a.*, a atinge; a amesteca; rühre mich nicht an, nu te atinge de mine; —ung, *s. f.*, atingere, pipăire, amestecare.

Ans, (an das), *prep.*, la; — Licht bringen, a scoate la lumină.

Ansäen, *v. a.*, a începe a sêmêna, a sêmêna.

Ansage, *pl.* —n, *s. f.*, însciințare, notificare; —n, *v. a.*, a însciința, a notifica, a anuncia, a numi.

Ansägen, *v. a.*, a începe a taie cu ferestreul.

Ansager, *s. m.*, vestitor; — **ung**, *s. f.*, vestire, notificare.

Ansammeln, *r. a.*, a aduna, a grămădi; —**lung**, *s. f.*, adunare, grămădire.

Ansäßig, *adj.* și *adv.*, așezat, domiciliat.

Ansatz, *pl.* —sätze, *s. m.*, așezare, imbucătură; adaos, începătură; dispoziţiune.

Ansäuern, *r. a.*, a înăcri cu aluat, cu oțĕt.

Ansaugen, *r. n. ir.*, a începe a suge.

Ansausen, *r. a.*, a se a apropiè suflând tare.

Anschaffen, *r. a.*, a procura, a porunci; —, *r. a. ir.*, a crea; sich —, *r. r.*, a'și câștiga, a'și procura; sich das Nöthige —, a se provedè cu cele trebuincioase.

Anschäften, *r. a.*, a pune pat la o pușcă; ein Paar Stiefeln —, a pune turèci noi la cisme.

Anschälen, *r. a.*, a începe a curăți de coaje.

Anscharren, *r. a.*, a acoperi cu pămênt.

Anschauen, *r. a.*, a privi, a se uita, a intui; a contempla; —, *s. n.*, privire, intuire, contemplare; —**er**, *s. m.*, contemplător, privitor; —**lich**, *adj.*, evident, intuitiv; —**lichkeit**, *s. f.*, evidență, intuițiune; —**ungsbegriff**, *s. m.*, noțiune intuitivă;

—**ungsvermögen**, *s. n.*, facultate intuitivă.

Anschein, *s. m.*, părere, aparență; bem — nach, la părere; den — geben, a'și da aerul de; —**en**, *r. a.*, a arunca lumină pe ceva; —**en**, *r. n.*, a părè; —**end**, —**lich**, *adj.*, după aparență, la părere.

Anschellen, *r. a.*, a trage, a suna clopoțelul.

Anschere, *s. f.*, urzeală, natră; —**n**, *r. a. ir.*, a urzi pânza.

Anschicken, sich, *r. r.*, a se găti, a se prepara, a fi gata de a...; es schickt sich zum Regen an, se pregătesce de plouat; —**ung**, *s. f.*, pregătitură, preparativă.

Anschieben, *r. a.*, a împinge, a apropiè, a urni.

Anschielen, *r. a.*, a se uita cu coada ochiului, a glidi, a se uita pe subt gene.

Anschienen, *r. a.*, a fereca o roată.

Anschießen, *r. a.*, a răni pușcând, a lovi, a repedi, a cristalisa.

Anschießpinsel, *r. n.*, penel de poleit cu aur.

Anschiffen, *r. a.*, a se apropiè, a trage la țĕrm.

Anschimmeln, *r. n.*, a începe a se mucedi.

Anschirren, *r. a.*, a înhăma.

Anschlag, *pl.* —**schläge**, *s. m.*, lovitură, ciocnire; afiș; tacsă, proiect; in — bringen, a lua in considerare, in socoteală; einen — machen, a face un proiect; heimliche Anschläge machen, a machina, a face planuri secrete; die Kosten in — bringen, a pune spesele în socoteală; —en, *v. a.*, a lovi a bate, a țintui, a afișa; a prețui; a face efect, a lucra; das Essen und Trinken schlägt ihm gut an, mâncarea și beutura îi tignesce.

Anschlägig, *adj.*, istet, inventios.

Anschlagzettel, *s. m.*, afiș.

Anschlämmen, *v. a.*, a înnomoli, a umplè de nomol.

Anschleichen, *v. n.*, a se apropiè tiptil.

Anschleifen, *v. a.*, a ascuți, a face tăiș, vèrf.

Anschlendern, *v. n.*, a veni clătinând din picioare.

Anschleppen, *v. a.*, a aduce cu de a sila.

Anschließen, *v. a.*, a lega, a împreuna, a uni; sich —, *v. r.*, a se uni, a se împreuna; —, *v. n.*, gut —, a se potrivi bine.

Anschlingen, *v. a.*, a împreuna prin un laț.

Anschlitzen, *v. a.*, a despica puțin.

Anschluß, *pl.* —schlüsse, *s. m.*, încheiere, alăturare, aclus; —bahn, *s. f.*, drum lateral.

Anschmecken, *v. a.*, a cunoasce prin gust.

Anschmeicheln, sich, *v. r.*, a se insinua la cineva prin lingușiri, a se lingări.

Anschmeißen, *v. a. ir.*, a arunca, a asvèrli cu forța.

Anschmelzen, *v. a.*, a uni, prin topitură; sich —, *v. r.*, a începe a se topi.

Anschmieden, *v. a.*, a înnădi o bucată de fer cu alta; Jemanden —, a pune, a fereca în cătuși; er sitzt wie angeschmiedet da, el stă ca pironit.

Anschmiegen, sich, *v. r.*, a se alipi strins de cineva.

Anschmieren, *v. a.*, a unge, a mânji; Jemanden —, a înșela pre cineva.

Anschnallen, *v. a.*, încătărăma.

Anschrauben, *v. a.*, a întimpina aspru pre cineva.

Anschneiden, *v. a.*, a tăiè, a cresta.

Abschnitt, *pl.* —e, *s. m.*, crestătură, începătură.

Anschnüren, *v. a.*, a stringe cu cordeaoa.

Anschrauben, *v. a.*, a înșuruba, a stringe in șurub.

Anschreiben, *v. a.*, a scrie, a însemna pe tablă; Jemandem Etwas —, a pune ceva cuiva in socoteală; bei Jemandem übel angeschrieben stehen, a fi incondeiat la cineva.

Anschreien, *v. a. ir.*, a striga la cineva.

Anschrote, *pl.* —n, *s. f.*, beată, betelie (la pănuri); —n, *v. a.*, a face betelia unei pănuri; ein Faß —, a descărca o bute.

Anschub, *s. m.*, prima aruncătură la popice.

Anschuhen, *v. a.*, a încălța; Pfähle —, a încălța pari cu fer; —, a căputa; sich —, *v. r.*, a se încălța.

Anschuldigen, vedi: Beschuldigen.

Anschüren, *v. a.*, a ațița focul.

Anschuß, *pl.* —schüsse, *s. m.*, prima descărcătură, prima pușcătură; cristalisare.

Anschutt, *s. m.*, grămădire de pământ; aluviu.

Anschütten, *r. a.*, a turna, a vĕrsa, a nomoli, a umple.

Anschützen, *r. a.*, a da apa pe roată, a ridica stavila.

An-schwängern, *v. a.*, a ingreca; —schwängerung, *s. f.*, ingrecare, impregnare.

Anschwärmen, *v. n.*, a veni cu grămada.

Anschwärz-en, *v. a.*, a înegri, a defăima, a calumnia; —er, *s. m.*, defăimător; —ung, *s. f.*, defăimare.

Anschwatzen, *v. a.*, Jemanden —, a ameți pre cineva cu vorba.

Anschweif, *pl.* —e, *s. m.*, fire de urzit; —en, *v. a.*, a oarde firele pe sul; —rahmen, sulul pe care se urdesce tortul; —rolle, *s. f.*, mosor de urzit.

Anschweißen, *v. a.*, a căli, a ferbe ferul.

Anschwell-en, *v. a.*, a umfla; —, *v. n. ir.*, a se umfla, a cresce (apa); —ung, *s. f.*, umflătură.

Anschwemm-en, *v. a.*, a pluti lemne; —ung, *s. f.*, plutire; nomolire, aluviu.

Anschwimmen, *v. n. ir.*, a se apropiè înnotând.

Ansegeln, *v. n.*, a se apropiè de uscat cu corabia; a se lovì cu corabia de ceva.

Ansehen, *v. a.*, a vedè, a se uita, a privì; Jemanden starr —, a se uita țintă la cineva; Jemanden freundlich, verächtlich —, a se uita la cineva cu ochi buni, cu dispreț; Jemanden vom Kopf bis zu den Füßen —, a mĕsura pre cineva cu ochii din creșcet până in tălpi; das kann ich nicht länger mit —, aceasta nu o mai pot suferì; Jemanden für Etwas —, a'l ține pre cineva de ceva (d. e. de medic etc.); Etwas mit ganz andern Augen —, a fi cu totul de altă părere; man hätte ihm das gar nicht angesehen, aceasta n'ar fi creḑut-o nime despre dênsul; angesehen sein, a fi considerat, a avè vază, a fi bine vĕḑut; angesehener Bürger, cetățean văḑut, cu vază, notabil.

Ansehen, *s. m.*, vĕḑut, vedere; privire, aer, esterior; dem — nach, din vĕḑute; la părere; —, vază, autoritate, considerațiune, credit; Jemanden von — kennen, a cunoasce pre cineva din vĕḑute; das — haben, a părè; sein — behaupten, a'și susține autoritatea; ein Mann von großem —, bărbat cu mare vază; sich das — geben, a'și da aer, a vrè a trece de ...; in — stehen, a fi stimat, considerat; ohne — der Person, fără privire la persoană.

Ansehnlich, *adj.* și *adv.*, considerabil, distins, respectabil, splendid; ein —er Mann, om vĕḑut, distins; eine —e Gesellschaft, o societate respectabilă, mare; eine —e Summe, o sumă considerabilă.

Anſchung — Anſpruch

Anſchung, *s. f.*, in —, în privință, în consideraţiune, în respect de ...

Anſetz-en, *v. a.*, a pune, a alătura, a aşeza, a aplica: Blutegel —, a pune, a aplica lipitori; Bäume —, a planta pomi; die Feder —, a lua condeiul a mână; das Haus zu hoch —, a preţui casa prea sus; einen Tag —, a hotărî, a prefige o zi, a pune termin; —, *v. n.*, das Vieh setzt gut an, această vită se îngraşe; Jemandem Etwas —, a trece, a pune în socoteală; —ung, *s. f.*, aşezare, adaugere; aposiţiune, juxtaposiţiune.

Anſicht, *pl.* —en, *s. f.*, privire, părere; opiniune; nach meiner —, după a mea părere; —ig, *adj.*, — werden, a vedè ceva, a zări.

Anſiedelei, *pl.* —en, *s. f.*, colonie.

Anſiedeln, ſich, *v. r.*, a se stabili, a se domicilia.

Anſiedelung, *pl.* —en, *s. f.*, colonisaţiune, stabiliment.

Anſieden, *v. a.*, a începe a ferbe.

Anſiedler, *s. m.*, colonist.

Anſiegeln, *v. a.*, a pecetlui cu ceară.

Anſingen, *v. a.*, a întimpina pre cineva cu cântare.

Anſinnen, vezi; Zumuthen.

Anſintern, *v. n.* (miner.), a forma stalactiţi.

Anſitz, *s. m.*, adăpost; —en, *v. n. ir.*, a şedé lângă ceva; a se aşeza cu locuinţa.

Anſonſt, *adv.*, altmintrea.

Anſpalten, *v. a.*, a crepa pe jumětate.

Anſpann-en, *v. a.*, a întinde, a încorda, a instruna; a înhăma, a prinde caii; alle Kräfte des Geiſtes —, a'şi încorda toate puteriie intelectuale; —ung, *pl.* —en, *s. f.*, încordare.

Anſpeien, *v. a. ir.*, a scuipa în faţă.

Anſpiel-en, *v. a.*, a face începutul în joc; auf Etwas —, a face alusiune, a da să se priceapă; —ung, *s. f.*, alusiune.

Anſpießen, *v. a.*, a trage, a pune în frigare, a înţepa.

Anſpinnen, *v. a. ir.*, a începe a toarce, a împreuna torcènd; a urzi.

Anſporn-en, *v. a.*, a împinteni; a încuragia; —ung, *s. f.*, împintenare, încuragiare.

Anſprache, *pl.* —n, *s. f.*, agrăire, adresă.

Anſprechen, *v. a. ir.*, a agrăi pre cineva, a'i adresa cuvêntul; Jemanden um Etwas —, a ruga pre cineva de ceva; —, *v. n. ir.*, bei Jemanden —, a cerceta pre cineva, a'i face visită; —d, *adj.*, interesant.

Anſpreizen, *v. a.*, a propti.

Anſprengen, *v. n.*, a stropi; a se înepta; angeſprengt kommen, a veni sărind în galop.

Anſpringen, *v. n. ir.*, a sări, a se arunca asupra cuiva; a se crepa puţin.

Anſpritz-en, *v. a.*, a stropi; —ung, *s. f.*, stropire.

Anſpruch, *pl.* —ſprüche, *s. m.*, drept, pretensiune, reclamaţiune; auf Etwas — machen,

Etwas in — nehmen, a pretinde, a face pretensiune; seine —sprüche fahren lassen, a se lăsa de dreptul seu; —slos, *adj.*, fără pretențiuni, nepretențios; —svoll, *adj.*, pretențios, arogant.

Ansprung, *pl.* —sprünge, *s. m.*, săritură.

Anspucken, vedi: Anspeien.

Anspülen, *v. n.*, a clăti; a duce spre țerm (despre apă).

Anstacheln, *v. a.*, a împunge, a imboldi, a înțepa.

Anstalt, *pl.* —en, *s. f.*, pregătire, aranjare, disposițiune; institut; — zu Etwas machen, a face pregătiri pentru ceva.

Anstämmen, sich, *v. r.*, a se răzima de ceva.

Anstand, *s. m.*, amênare, prelungire, trăgănare; dificultate; cuviință; das leidet keinen —, nu sufere amênare, nu are nici o dificultate; mit — sprechen, a vorbi cu bunăcuviință; gegen den — verstoßen, a vătěma bunacuviință.

Anständig, *adj.*, cuviincios, convenient; — sein, a conveni, a plăce cuiva ceva; —, *adv.*, cuviincios, decent; sich — betragen, a se purta cuviincios, decent; —keit, *s. f.*, bunacuviință, decență.

Anstängeln, *v. a.*, a lega de părutei (fasole etc.).

Anstarren, *v. a.*, a pironi ochii asupra cuiva.

Anstatt, *prep.*, în loc de.

Anstaunen, *v. a.*, a privi cu mirare; —swerth, *adj.*, vrednic de admirat, admirabil.

Anstechen, *v. a.*, a străpunge, a împunge.

Ansteckbohrer, *s. m.*, sfredel mic.

Anstecken, *v. a.*, a pune, a băga; a molipsi; a aprinde, a pune foc; —end, *adj.*, contagios; —ung, *s. f.*, molipsire, infecțiune, contagiu; —ungsstoff, *s. m.*, materie lipicioasă, contagioasă, miasmă.

Anstehen, *v. n. ir.*, a fi aproape de ceva; a sta lipit de ceva; a sta la indoieală; a întârzie; das Kleid steht ihm sehr gut an, haina 'i stă foarte bine; Etwas — lassen, a aména ceva, a prolungi; das steht mir nicht an, aceasta nu'mi convine, nu'mi place.

Ansteigen, *v. n. ir.*, a se ridica, a se înălța; das Gebirge steigt sanft an, muntele se înalță pe nesimțite; angestiegen kommen, a se apropiè cu pași mari.

Anstellen, *v. a.*, a pune la ceva, a aplica; a aranja; a se conforma; Arbeiter —, a tocmi, a pune lucrători; Betrachtungen —, a face reflecsiuni; a medita despre ceva; wie soll ich dies —, cum să întocmesc acest lucru, de ce cap să'l apuc; wer hat das angestellt? cine a făcut acest lucru? Jemanden —, a așeza pre cineva într'o diregătorie; sich —, *v. r.*, a se răzima; a se preface, a simula; —er, *s. m.*, aranjator, rênduitor; —erei, *s. f.*, ved: Ziererei; —ig, *adj.*, îndemânatic, iscusit, dibaciu; —igkeit, *s. f.*, dibăcie,

Anſtemmen—Anſtützen 59

indemânare; —ung, *pl.* —en, *s. f.*, oficin, diregătorie.
Anſtemmen, vedi **Anſtämmen**.
Anſterben, *r. n. ir.*, a ajunge in posesiune prin succesiune după moarte.
Anſteuern, *v. a.*, a cârmuí naea spre țĕrm.
Anſtich, *pl.* —e, *s. m.*, impunsătură; —eln, *v. a.*, a impunge, a face alusiuni.
Anſticken, *v. a.*, a înădí cu broderie.
Anſtiefeln, *r. n.*, a vení cu pași mari.
Anſtieren, vedi: **Anſtarren**.
Anſtiften, *r. a.*, a căşuna, a causa; Böſes —, a face rele; Jemanden zu Etwas —, a aţîţa pre cineva la ceva; —er, *s. m.*, urditor, intăritător, instigator; —ung, *s. f.*, intărităciure, instigaţiune, imbolditură.
Anſtimmen, *r. a.*, a intona, a da tonul; Klagen —, a se plânge; —ung, *s. f.*, intonaţiune.
Anſtinken, *r. n. ir.*, a puţí, a mirosí greu.
Anſtopfen, *r. a.*, a umple, a îndesa, a ticsí; ſich —, *v. r.*, a se îndopa.
Anſtoß, *pl.* —ſtöße, *s. m.*, lovire, isbire; necuviinţă, pedecă, dificultate, scandal; der Stein des —es, peatra scandelei; ohne —, fără dificultate; — nehmen, a se scandalisa; —en, *r. a. ir.*, a loví, a ciocní, a împinge; die Gläſer —, a ciocní cu păharele; ein Gebäude an das andere —, a zidí o casă lânga

alta; —, *r. n. ir.*, a isbí, a se învecina; im Leſen —, a se impedeca in cetire; der Ader ſtößt an den Weg an, ţearina se învecinează cu drumul; wider die Geſetze —, a pěcătui incontra legilor; mit der Zunge —en, a vorbí peltic; —end, *adj.*, invecinat.
Anſtößig, *adj.* și *adv.*, necuviincios, scandalos.
Anſtrahlen, *r. a.*, a arunca raḑele sale spre ceva.
Anſtreben, *r. n.*, a se silí, a nizuí,
Anſtreich-en, *r. a.*, a colora, a vopsí; a sublinia; —, *v. n.*, a se atinge uşor de ceva; —er, *s. m.*, vopsitor; —erei, *s. f.*, vopsitură; —pinſel, *s. m.*, bidinea.
Anſtreifen, *v. n.*, a se atinge de ceva în treacăt.
Anſtreng-en, *r. a.*, a incorda, a intinde tare, a sforţa; den Kopf —, a incorda mintea; zu ſtark —, a incorda preste měsură; ſich —, *v. r.*, a se opintí, a se incorda; —ung, *s. f.*, silinţă, opintire, incordare.
Anſtreuen, *v. a.*, a presăra.
Anſtrich, *pl.* —e, *s. m.*, faţă, lustru, coloritură; einen — geben, a da coloare.
Anſtricken, *r. a.*, a înădí impletind cu acele.
Anſtrömen, *v. n.*, a curge repede, a inunda.
Anſtückeln, *r. a.*, înădí.
Anſtürm-en, *v. a.*, a ataca, a se repeḑí cu asalt; —ung, *s. f.*, năvălire, asalt, atac.
Anſtützen, *r. a.*, a proptí, a răzima.

Ansuchen—Antraben

Ansuch‐en, *v. a.*, um Etwas —, a cere ceva, a se ruga pentru ceva; um eine Stelle —, a cere un oficiu; —, *s. n.*, cerere, rugăminte, petiţiune; —er, *s.m.*, petiţionar; —ungsschreiben, *s. n.*, petiţiune.

Ansüßen, *v. a.*, a îndulci puţinel.

Antagonismus, *s. m.*, antagonism.

Antagonist, *s. m.*, antagonist, contrar.

Antakeln, *v. a.*, a provedè o nae cu funile necesare.

Antanzen, *v. n.*, a se lovi de ceva jucând, a'şi atrage ceva prin joc.

Antast‐en, *v. a.*, a pipăi, a atinge; a vătăma (onoarea); —ung, *s. f.*, pipăire, atingere; vătămare.

Antaumeln, *v. n.*, a se apropiè şovăind.

Antarktisch, *adj.*, antarctic, de polul de sud.

Antediluvianisch, *adj.*, antediluvian.

Antheil, *pl.* —e, *s. m.*, parte, porţiune, contingent; — an Etwas nehmen, a lua parte la ceva, a se interesa de ceva, a participa la ceva.

Antho‐logie, *pl.* —en, *s. f.*, antologie, florilegiu, adunare de bucăţi mici din autori classici; —logisch, *adj.*, antologic.

Anthropo‐logie, *s. f.*, antropologie, sciinţa despre om; —logisch, *adj.*, antropologic; —phag, *s. m.*, antropofag, mâncător de oameni.

Anthun, *v. a. ir.*, a îmbrăca; a face, a căşuna; die Schuhe —, a se încălţa; Jemandem Gewalt, Ehre, Schande —, a face cuiva silă, cinste, ruşine; sich Gewalt —, a'şi face silă.

Antichrist, *s. m.*, anticrist.

Anticipiren, *v. a.*, a lua înainte, a anticipa.

Antidot, *s. m.*, contraveniu, antidot.

Antiefen, *s. m.*, a cerca afundimea apei.

Antik, *adj.*, antic; —e, *pl.* —en, *s. f.*, antică; —cabinet, *s. n.*, cabinet de anticităţi.

Anti‐kritik, *pl.* —en, *s. f.*, contracritică, anticritică; —constitutionell, *adj.*, în contra constituţiei, anticonstituţional.

Antillen, *s. f. pl.* (geogr.), Antilele.

Antilope, *s. f.* (zool.), antilopă.

Antimonarchisch, *adj.*, în contra monarchiei, antimonarchic.

Antimon, *s. n.* (chem.), antimoniu.

Antinational, *adj.*, contrar naţionalităţii, antinaţional.

Antiochien, *s. n.* (geogr.), Antiochia.

Antipapismus, *s. m.*, antipapism.

Anti‐pathie, *pl.* —en, *s. f.*, antipatie, aversiune, ură; —pathisch, *adj.*, antipatic; —pode, *s. m.*, antipod.

Antiquar, *s. m.*, anticuar, vênḑétor de cărţi vechi, de lucruri vechi.

Antiquaschrift, *pl.* —en, *s. f.*, caractere de tipar romane, antice.

Anti‐revolutionär, *adj.*, antirevoluţionar; —syphilitisch, *adj.*, antisifilitic.

Antlitz, *s. n.*, faţă.

Antraben, *v. n.*, a se apropiè în tropot.

Antrag, *pl.* —träge, *s. m.*, propunere, ofert, moțiune; einen — stellen, a face o propunere, o moțiune; —en, *v. a.*, a îmbiè a propune, a oferì; —gredjt, *s. n.*, inițiativă; —steller, *s. m.*, propunětor.

Antrau:en, *v. a.*, a incredința (în căsătorie), a logodì; —ung, *s. f.*, incredințare, logodire, ceremonia logodirei.

Antreff:en, *v. a.*, a afla, a intâlnì; —ung, *s. f.*, aflare, întâlnire.

Antreib:en, *v. a. ir.*, a měna, a împinge, a îmboldì, a inteți; a da pinteni calului; Jemanden zu Etwas —, a îmboldì, a inima pre cineva la ceva; einen Nagel —, a bate bine un cuiu; —, *v. n.*, a plutì spre țěrm; —er, *s. m.*, měnător; —ung, *s. f.*, îmbolditură, inteșitură.

Antreten, *v. a. ir.*, a întărì călcând; a călca pămêntul în giurul unui arbore; a începe, a intra; ein Amt, einen Dienst —, a intra într'o funcțiune, într'un serviciu; das neue Jahr —, a începe anul nou, a intra în anul nou; die Regierung —, a parveni la tron; eine Reise —, a întreprinde o călětorie; eine Erbschaft —, a dobêndì o moștenire, a moștenì, a creștì ceva; zum Tanze —, a se așeza la joc.

Antretung, *s. f.*, vedì: Antritt.

Antrieb, *pl.* —e, *s. m.*, îndemn, bold; ințeșire, împuls; aus eigenem —, din îndemnul propriu, de bună voie.

Antrinken, *v. a. ir.*, a bè întâiulu; sich —, *v. r.*, a se amețì (bênd).

Antritt, *pl.* —e, *s. m.*, primul pas, început, intrare; —spredigt, —srede, *s. f.*, predică inaugurală la intrarea în oficiu, cuvêntare de inaugurațiune.

Antrocnen, *v. n.*, a se lipì de ceva uscându-se.

Antwerpen, *s. n.* (geogr.), Anvers.

Antwort, *pl.* —en, *s. f.*, rěspuns, replică; abschlägige —, refus; die — schuldig bleiben, a nu rěspunde cuiva; Rede und — geben, a da socoteală de ceva; keine — ist auch eine —, tăcerea incă e rěspuns; —en, *v. n.*, a rěspunde, a replica; auf der Stelle —en, a rěspunde îndată; —schreiben, *s. n.*, rěspuns.

Anversuchen, *v. a.*, a incerca (o haină).

Anvertrauen, *v. a.*, a increde, a concrede; a da în grija, în mânile cuiva; sich Jemandem —, a se increde cuiva, a i se destăinuì; —vertrautes Gut, bun depositat; —vertrauung, *s. f.*, incredere, confidență.

Anverwandt, *adj.*, consângean, înrudit; —schaft, *s. f.*, consângeneitate, afinitate, rudenie; vedì: Verwandt.

Anwachs, *s. m.*, inmulțire, acrescere, acrescěmênt. —wachsen, *v. n. ir.*, a se înmulțì; die Kinder wachsen allmälig an, copiii cresc încetișor.

Anwalt, *pl.* —wälte, *s. m.*, advocat, procurator, procuror; —schaft, procuratură, advocatură.

Anwälzen, *r. a.*, a trăvăli, a rostogoli.

Anwand, *pl.* —wände, *s. f.*, hotarele unei proprietăți de pămênt, ale unei păduri; —eln, *v. imp.*, a se simți atacat pe neașteptate (de o boală, de o poftă); es wandelt mich ein Fieberschauer an, eu simț nisce fiori de friguri; —lung, *s. f.*, atac, apucătură ușoară de oare-care morb, acces.

Anwartschaft, *s. f.*, speranță de a succede intr'o creditate, supravieţuire.

Anwässern, *r. a.*, a uda.

Anweben, *r. a.*, a țese, a adauge prin țesut; —webeln, *r. a.*, a da din coadă (cânii); —wehen, *r. a.*, a sufla lin spre ceva; —weichen, *r. a.*, a îmuiè puținel.

Anweisebank, *s. f.*, bancă de giro.

Anweisen, *r. a. ir.*, a asemna, a adresa, a îndrepta; Jemandem einen Platz —, a asemna cuiva un loc; zu Etwas —, a îndrepta, a instrui; —er, *s. m.*, asemnător, instructor; —ung, *s. f.*, asemnare, instrucțiune, asignațiune.

Anwendbar, *adj.*, aplicabil; —keit, *s. f.*, aplicabilitate, aplicațiune.

Abwenden, *r. a. r.* și *ir.*, a aplica, a întrebuința, a face întrebuințare, a se folosi; allen Fleiß —, a'și pune toată silința; alle seine Kräfte —, a'și pune toate puterile; sein Geld gut —, a spesa

cu folos banii sei; seine Zeit schlecht —, a se folosi reu de timp; —ung, *s. f.*, aplicațiune, întrebuințare.

Anwerben, *r. a. ir.*, a înrola, a recruta; um ein Mädchen —, a peți o fata in căsătorie; —er, *s. m.*, pețitor, înrolător; —ung, *s. f.*, înrecrutare.

Anwerfen, *r. a. ir.*, a arunca, a asvârli; eine Mauer —, a tencui un zid.

Anwesend, *adj.*, de față, present; die —en, *pl.* cei presenți, cei de față, auditori, spectatori; —wesenheit, *s. f.*, presență, ființa de față.

Anwidern, *r. n.*, a umple de desgust.

Anwiehern, *r. n.*, a rânchieza, a nechieza; —winken, *r. a.*, a face semn cuiva cu ochiul; —wittern, *r. a.*, a mineralisa, a face eflorescență.

Anwohnen, *r. n.*, a locui învecinat; —er, *s. m.*, locuitor învecinat.

Anwuchern, *r. n.*, a se înmulți, a se lăți (plante).

Anwuchs, *pl.* —wüchse, *s. m.*, crescêment, sucrescență.

Anwühlen, *r. a.*, a rima, a scurma.

Anwünschen, *r. a.*, a pofti; alles Böse —, a pofti cuiva tot reul.

Anwurf, *pl.* —würfe, *s. m.*, tencueală.

Anwurzeln, *r. n.*, a prinde rădăcini; a se înrădăcina; wie angewurzelt, ca înrădăcinat.

Anzahl, *s. f.*, numêr, cătime.

Anzapfen, *v. a.*, a da cep, a pune pip.

Anzeichen, *s. n.*, presemn, presimţ; —zeichnen, *v. a.*, a insemna, a adnota.

Anzeige, *pl.* —n, *s. f.*, arătare, anunciu, avis, denunciaţiune; prognostic; —n, *v. a.*, a arăta; a da, a face de scire, a incunoscîinţa, a face cunoscut; a denuncia; —nd, *adj.*, indicativ; —r, *s. m.*, denunciator; —rin, *s. f.*, denunciatrice.

Anzetteln, *v. a.*, a urdî, a năvădi; a uneltì, a machina o conjuraţiune, uneltire; —zettler, *s. m.*, urditor; machinator, aţîtător.

Anziehen, *v. a. ir.*, a trage cătră sine, a atrage, a intinde (o fune), a sbè, a absoarbe; ein Hemb —, a imbrăca o cămaşă: Schuhe —, a incălţa; ein Seil —, a intinde foarte o fune; Blumen —, a cultiva flori; —, *v. n.*, a fi in mers, a merge spre, a se apropiè, a inainta: der Nagel zieht an, cuiul prinde bine la lemn; das Kriegsheer zieht an, kommt angezogen, armata inaintează, s'apropie; sich —, *v. r.*, a se imbrăca; sich die Schuhe —, a se incălţa; —b, atrăgetor, interesant, atractiv.

Anziehung, *s. f.*, atracţiune; imbrăcare; —straft, *s. f.*, putere atractivă; —streiş, *s. m.*, sferă de atracţiune; —punkt, *s. m.*, centru de atracţiune, de gravitaţiune.

Anzischen, *v. a.*, a şuera la cineva.

Anzucht, *s. f.*, canal pentru abaterea umedelelor; cloacă.

Anzug, *pl.* —züge, *s. m.*, apropiere in mers; imbrăcăminte, toaletă; —spitzen, garnitură de dantele; feierlicher —, imbrăcăminte de gala.

Anzüglich, *adj. şi adv.*, impungetor, picant, vătămător; —keit, *s. f.*, impunsetura (in cuvinte), ofensă, sarcasm; persönliche —keiten, vătămare, ofensă personală.

Anzünden, *v. a.*, a aprinde; —er, *s. m.*, aprindetor; —ung, *s. f.*, aprindere.

Anzwecken, *v. a.*, a prinde pelea de calapod cu cuie.

Anzwirnen, *v. a.*, a resucì douĕ fire.

Aeolsharfe, *pl.* —n, *s. f.*, arfă eoliană.

Aeonen, *s. m. pl.*, timp fără sfĕrşit, eternitate.

Aorta, *s. f.*, aortă.

Apanage, *s. f.*, apanagiu, leafă, annală a principilor.

Apathie, *s. f.*, apatiă, nepăsare, indolenţă.

Apatisch, *adj.*, apatic, nesimţitor, nepăsător.

Apenninen, *pl.* (geogr.), Apenini.

Apfel, *pl.* Aepfel, *s. m.*, măr; der — fällt nicht weit vom Stamme, aschia nu sare departe de trupină; in einen sauern — beißen, a face bucuros de silă; —baum, *s. m.*, măr (pom); —brecher, *s. m.*, praschie pentru cules mere; —essig, *s. m.*, oţĕt de mere; —garten, *s. m.*, grădină de meri, pomet; —kuchen, —koch, *s. m.*, plăcintă, coptură de mere;

—moft, —wein, s. m., must, vin de mere, țighir; —schnitt, s. m., feliă de măr; —schimmel, s. m., cal vĕnĕt; —fine, s. f., portocală.

Apotalypfe, s.f., apocalipsă, scriptură întunecată, misterioasă.

Apotryphen, s. f. pl., cărți apocrifice.

Apotryphifch, adj., apocrif, neautentic.

Apologetifch, adj., apologetic, defensiv.

Apologie, s. f., apologie, cuvênt de apărare.

Apoplerie, s. f., apoplecsie, gută, damla.

Apoftafie, s. f., apostasie.

Apoftat, s. m., apostat, cel-ce s'a lăpĕdat de credința sa.

Apoftel, s. m., apostol; —amt, s. n., apostolat; —geschichte, s. f., faptele apostolilor; —feft, s. n., serbătoarea apostolilor.

Apoftolifch, adj., apostolic, apostolesc; —, adv., apostolesce.

Apoftroph, pl. —e, s. m., apostrof, semnul scurtărei; —iren, r. a., a apostrofa, a scurta.

Apothefe, s. f., apotecă, spițerie, farmacie.

Apotheter, s. m., apotecar, spițer, —gehilfe, s. m., —lehrling, m., elev, student în farmacie; —tunft, s. f., farmacie; —rechnung, s. f., cont de apotecar,

Apothcofe, s. f., apoteosă, îndeire.

Apell, s. m., apel, chiămare; —ation, s. f., apelațiune; —ationsgericht, s. f., tribunal de apelațiune, curte de casațiune; —iren, r. a., a apela la un tribunal.

Appendir, pl. —e, s. m., apendice.

Apperception, s. f., aperceptiune.

Appetit, m., apetit, poftă de mâncare; —lich, adj., apetitos, gustuos.

Applaniren, r. a., a aplana.

Applaudiren, r. a., aplauda, a bate în pălmi.

Approbiren, r. a., a aproba.

Aprifofe, s. f., apricosă, caisă.

April, s. m., Aprilie, Prier, —narr, s. m., nebun de prima Aprilie: —wetter, s. n., timp schimbăcios.

Apriorifch, adj., a prioric.

Apulien, s. n. (geogr.), Apulia.

Aquăduft, pl. —e, s. m., apăduct, canal de apă.

Aquamarin, s. m. (miner.), apamarină, peatră prețioasă verdue.

Aquarell, s. f., aparelă.

Aquator, s. m. (geogr.), ecuator.

Aquileja, s. n. (geogr.), Acuileia.

Aquinoftium, pl. —tien, s. n., ecuinoțiu.

Ara, pl. Aeren, s. f., eră.

Araber, s. m., arab; —in, f., arabă.

Arabesfe, s. f., arabescă, ornament.

Arabien, s. n. (geogr.), Arabia.

Arabifch, adj., arabic; —, adv., arabesce.

Arad, s. m., arac, beutură spirtuoasă de urez.

Aragonien, s. n. (geogr.), Aragonia.

Arbeit, s. f., lucru, muncă, ocupațiune, laboare; ostăneală, fatigă; an die — gehen, a se